Stan B. Walters

Der kleine Lügendetektor

W0048250

Widmung

Im Andenken an meinen Vater W. Louis Walters,
1919–1999,
einen Mann voller Ehre, Mitgefühl, Integrität,
Charakter und Glauben

Stan B. Walters

Der kleine Lügendetektor

So erkennen Sie Unwahrheiten und lassen sich nicht täuschen

Aus dem Amerikanischen übersetzt von Bettina Blank

mvg *Verlag*

Die Deutsche Bibliothek – CIP-Einheitsaufnahme

Walters, Stan B.:
Der kleine Lügendetektor : so erkennen Sie Unwahrheiten und lassen sich nicht täuschen / Stan B. Walters. Aus dem Amerikan. übers. von Bettina Blank. - Landsberg ; München : mvgVerl., 2002
Einheitssacht.: The truth about lying <dt.>
ISBN 3-478-08783-X

Titel der amerikanischen Originalausgabe: „The Truth about Lying"
Aus dem Amerikanischen übersetzt von Bettina Blank.

Umschlaggestaltung: Atelier Seidel, Neuötting
Umschlagphoto: ZETA/H. Winter
Satz: abc.Mediaservice, Buchloe
Druck und Bindearbeiten: Ebner & Spiegel Ulm
Printed in Germany 08783/080201
ISBN 3-478-08783-X

Inhalt

Danksagung

Viele Menschen arbeiten hinter den Kulissen und tragen dazu bei, dass ein Projekt wie dieses Realität werden kann. Ich danke Michelle Banks von der Maxwell Media Group, die nicht locker ließ, mich ermunterte und den Stein ins Rollen brachte. Meine Dankbarkeit gilt weiter meiner Lektorin Deborah Werksman von Source Books, die vielfältige Talente und eine grenzenlose Geduld besitzt und meinen bescheidenen Bemühungen erst die nötige Politur verlieh. Meinem guten Freund Jim Alsup, dem Direktor von Public Agency Training Council, der stets ein Auge für die Zukunft und all ihre Möglichkeiten hat. Mein besonderer Dank geht an Dr. Martha Davis, Principal Researcher, an die großartigen Mitarbeiter des John Jay College of Criminal Justice und an unser engagiertes und unermüdliches Rechercheteam.

Meine nie endende Liebe und Dankbarkeit gehören Hilda, meiner besten Freundin, Partnerin und Ehefrau, die es versteht, das Beste aus mir herauszuholen, und stets meine Träume und Pläne mit mir teilt. Dank ihres Ansporns und ihrer Unterstützung halte ich alles im Leben für möglich. Nicht zu vergessen meine beiden Töchter und meine Enkelin – Hilary, Allison und Jordan –, die wenig verlangen, viel in Kauf nehmen und nur das Beste verdienen von ihrem Dad und „Pepaw".

Die Lüge und ihre Hintergründe

Kennen Sie das Gefühl, mit jemandem zu reden und instinktiv zu wissen, dass die Person Sie belügt? Irgendwie ahnen Sie, dass etwas nicht stimmt, ohne benennen zu können, was er oder sie genau gesagt oder getan hat, das Ihre Skepsis weckte? Haben Sie jemals jemandem Ihr Vertrauen geschenkt und später herausgefunden, dass Sie belogen wurden? Eine Unterhaltung zwischen zwei Leuten mitgehört und spontan gewusst, dass einer der beiden log und das arme Opfer vollkommen ahnungslos war?

Wann haben Sie zum letzten Mal gelogen? Vielleicht haben Sie einfach nicht die ganze Wahrheit gesagt, nicht die vollständige Antwort gegeben. Vielleicht haben Sie nur „geflunkert". Vielleicht würden Sie eher von einer „kleinen Notlüge" sprechen, aber eine Lüge war es trotzdem. Haben Sie je zugelassen, dass jemand aus dem, was Sie ihm erzählt oder nicht erzählt haben, falsche Schlüsse zog? Willkommen im Club der Lügner!

Wir sind auf Schritt und Tritt von Täuschung und Lüge umgeben – entweder als Belogene oder als Lügner. Die Absichten müssen gar nicht immer böse oder verwerflich sein. Es muss sich nicht um die Deckung eines Kapitalverbrechens oder einen Meineid handeln. Vielleicht haben Sie bloß in einem Bewerbungsschreiben oder einem Darlehensantrag ein wenig geschummelt. Wollten jemanden nicht verletzen und erzählten ihm deshalb nicht, was Sie *wirklich* von seinem Kleidungsstil, seinem neuen Haarschnitt, seiner Wohnungseinrichtung oder seiner neuen Freundin halten. Das, so haben Sie beschlossen, müsse Ihr Freund schon selbst herausfinden – jedenfalls möchten Sie nicht der Überbringer schlechter Nachrichten sein. Möglich, dass Sie eine Ausrede finden mussten, warum Sie zu spät im Büro erschienen oder einen Bericht zu spät abgeliefert haben. Und last but not least wird wohl nirgends so viel retuschiert und beschönigt wie in Begegnungen zwischen den Geschlechtern – besonders beim ersten Rendezvous!

Vergessen Sie nicht, dass wir hier nicht über Kriminelle sprechen, sondern über normale Leute wie Sie selbst. Unsere gesamte Kultur wird getragen von einem Gespinst aus vermeintlich harmlosen Lügen – Entschuldigungen etwa, warum man eine Einladung nicht wahrnehmen kann, oder Komplimente, die nicht echt gemeint sind.

Das Problem ist, dass Sie Tag für Tag auf Grundlage der von den Menschen in Ihrem Umfeld empfangenen Informationen und Meinungen Entscheidungen treffen – Entscheidungen, die das Leben und die Zukunft Ihrer Familie, Freunde, Geschäftspartner und nicht zuletzt von Ihnen selbst beeinflussen. Sie treffen diese Entscheidungen in dem Glauben, diejenigen, die Ihnen die Informationen bereitstellen, seien verlässliche Quellen, die Ihr Vertrauen verdienen, weil sie Ihr Wohlergehen im Sinn haben. Aber was, wenn das nicht stimmt? Was, wenn die Leute, von denen Sie Information und Rat einholen, nicht ehrlich zu Ihnen sind, es ihnen statt um Ihr Wohlergehen nur um ihre eigenen Interessen geht?

> **Sie können nicht verhindern, dass man Sie belügt. Aber Sie können verhindern, dass Sie ein Opfer der Lügen anderer werden.**

Welchen Unterschied würde es auf die von Ihnen getroffenen Entscheidungen machen, wenn Sie von Anfang an wüssten, dass jemand, dem Sie vertrauen, unehrlich zu Ihnen ist, Sie in die Irre führt, Ihnen Informationen vorenthält oder die Wahrheit bewusst verschleiert? Können Sie es sich leisten, kleine oder große Entscheidungen zu treffen und später herauszufinden, dass die diesen Entscheidungen zugrunde liegenden Informationen falsch oder missverständlich waren?

Generell sind wir Menschen nicht besonders gut im Aufdecken von Täuschungen. Es mag Sie überraschen, dass Polizeibeamte und andere, die sich beruflich mit der Findung der Wahrheit beschäftigen, auch nicht besser im Erkennen von Lügen sind als der Rest von uns. Gibt es denn keine verräterischen Signale oder Symptome? Wie können wir Freunde, Familie, Geschäftspartner oder Politiker davon abhalten, uns zu belügen?

Leider besitzen Sie keine Handhabe, jemanden davon abzuhalten, dass er Sie belügt. Sie müssen einfach akzeptieren, dass Sie hin und wieder belogen werden. Das ist keine Pauschalverurteilung der menschlichen Spezies, noch sollte es Sie verleiten, argwöhnisch oder paranoid durch die Welt zu gehen. Die Tatsache, dass jemand Sie zu täuschen versucht, bedeutet ja noch nicht, dass Sie Opfer seiner Täuschung werden. Am besten schützen Sie sich, indem Sie sich mit den komplexen Mustern menschlicher Kommunikation beschäftigen und diese besser einzuschätzen lernen. Sie können lernen, die Veränderungen in der Stimme zu hören und die subtilen Nuancen in Sprechtempo, Tonlage und Lautstärke richtig zu interpretieren. Wenn Sie lernen, hinter die über die Körpersprache transportierten Anzeichen von Stress und Verschleierung zu blicken, können Sie die wahre Bedeutung von Körperhaltung, Gestik, Mimik und Bewegungen Ihres Gegenübers besser entschlüsseln.

Zu erwarten, dass Sie jeder einzelnen Lüge auf die Schliche kommen, ist freilich zu viel verlangt. Aber wie sehr würden Ihr Leben und Ihre persönlichen Beziehungen davon profitieren, wenn es Ihnen gelänge, die Mehrzahl der Täuschungsversuche, mit denen Sie tagtäglich konfrontiert werden, aufzudecken? Wie viel Schmerz und Enttäuschung blieben Ihnen erspart, wenn Sie zu einer korrekten Dekodierung der verbalen und nonverbalen Kommunikation Ihrer Mitmenschen in der Lage wären? Das würde Ihnen die Tür öffnen zu einem offenen, ehrlichen Dialog und einer Aura des Vertrauens und der Vertrauenswürdigkeit, die all Ihre Beziehungen positiv beeinflussen würde.

Durch Verhaltens- und Kommunikationsstudien, die sich mit dem Thema Täuschung befassten, konnten die für eine Einschätzung der Glaubwürdigkeit nützlichen Verhaltensweisen gegen jene abgegrenzt werden, die nur auf Mythen und Volksweisheiten beruhen, ohne tatsächlich etwas über die Glaubwürdigkeit einer Person auszusagen. Mit einem Katalog von Anhaltspunkten, woran Sie signifikante Verhaltensweisen für Lügen erkennen, laufen Sie weniger Gefahr, „unschuldiges" Verhalten überzubewerten und dafür die relevanten verbalen und nicht verbalen Indikatoren für eine versuchte Täuschung zu übersehen.

Noch etwas: Wenn Sie sich selbst, Ihre Verhaltensweisen und Reaktionen, Emotionen und Motivationen, Gedanken und Ängste, das Bild, das Sie von sich haben und von dem Sie wünschen, dass andere es von Ihnen haben, kritisch betrachten, fangen Sie an zu verstehen, warum andere versuchen, Sie zu täuschen, beziehungsweise Sie versuchen, andere zu täuschen.

Diese Fähigkeiten sind in den verschiedensten Situationen nützlich: im Umgang mit Leuten, die Ihnen eine Dienstleistung anbieten – das Kindermädchen, der Automechaniker –, Ihnen ein Produkt verkaufen wollen, sowie mit Freunden und Familienmitgliedern. Sie sind in einer besseren Position, die wichtigen Entscheidungen in Ihrem Leben zu treffen, wenn Sie wissen, warum man Sie anlügt, woran Sie erkennen, ob Sie eventuell angelogen werden, und wie Sie am besten mit solchen Lügen umgehen. Außerdem können Sie diese Fähigkeiten anwenden, um aus dem, was Fernsehen und Zeitungen Ihnen als Fakten präsentieren, Ihre eigenen Schlüsse zu ziehen.

Lassen Sie mich an dieser Stelle betonen, dass es ganz allein meine Absicht ist, Ihnen bei der Entwicklung dieser Fähigkeiten zu helfen, damit diese einen positiven Einfluss auf Ihr Leben und Ihre Beziehungen ausüben. Es wäre schade, wenn Sie nach der Lektüre dieses Buchs plötzlich argwöhnisch und misstrauisch würden gegenüber Ihrem Lebenspartner, Ihren Kindern, Freunden oder den Menschen, denen Sie auf der Straße begegnen. Zu wissen, wie Sie eine Täuschung erkennen, gibt Ihnen die Chance, Ihr Leben und Ihre Beziehungen auf nachhaltige Weise positiv zu beeinflussen.

Definition „Täuschung"

Schwindeln. Fehlinformieren. In die Irre führen. Verschleiern. Verhehlen. Verfälschen. Bemänteln. Erfinden. Fabulieren. Flunkern. Lügen. Egal welche Bezeichnung sie trägt – die Täuschung ist immer ein Versuch, nicht nur meinem Gesprächspartner, sondern auch mir selbst etwas vorzumachen. Wir alle sind jeden Tag in subtile Formen der Täuschung involviert. Einige dieser Täuschungsversuche sind im Wesen bösartig, während es bei anderen mehr um ein Retuschieren der Wahrheit geht mit dem Ziel, Gefühle zu schonen oder eine Beziehung oder einen Dialog zwischen zwei Menschen nicht zu zerstören. Statt der kalten, harschen, brutalen Wahrheit hören viele Leute – Sie und ich eingeschlossen – nämlich lieber eine „weichgespülte" Version.

Jeder Täuschung geht eine vom Sprecher empfundene Notwendigkeit zur Manipulation der Wahrheit voraus. Für den Zuhörer, das Objekt der Täuschung, sind die genauen

Gründe, die hinter der Täuschung stecken, oft von wesentlicher Bedeutung für eine zu treffende Entscheidung und für seine Einschätzung der Glaubwürdigkeit und Integrität der anderen Person. Warum hält es die Person für notwendig, Sie zu täuschen? Um das Konzept der Täuschung besser zu verstehen, müssen Sie die ihr zugrunde liegenden Mechanismen begreifen lernen.

Drei Faktoren, die wir nun genauer betrachten wollen, sind für alle Täuschungen kennzeichnend: Entscheidung, Gelegenheit und Fähigkeit.

Entscheidung

Die Entscheidung ist ein Schlüsselfaktor, der jedes Mal vorliegt, wenn eine Lüge fabriziert wird. Die Person hat das Gefühl, die volle Wahrheit nicht sagen zu können, und entschließt sich deshalb zur Lüge. Sie hat das Gefühl, lügen zu müssen, um die Belohnung oder positive Reaktion zu erhalten, die sie sich wünscht. Sie glaubt, eine Lüge oder Halbwahrheit würde sie vor einer gefürchteten Bestrafung oder negativen Reaktion bewahren. Oder sie lügt aus Angst oder Unvermögen, die Konsequenzen des Gesprächs einzuschätzen. Auf die Entscheidung zur Lüge üben Sie als ihre Zielscheibe den geringsten Einfluss aus.

Lügen ist ein mental-kognitiver Prozess. Es findet nicht im luftleeren Raum statt. Andere falsch zu informieren oder in die Irre zu führen ist eine bewusste Handlung. Ob es um den persönlichen Profit geht, die Vermeidung unliebsamer Konsequenzen oder den Wunsch, in einer ungewissen Situation seine Haut zu retten – die Lüge dient grundsätzlich einem Ziel. Jede Lüge beruht auf einer bewussten Entscheidung – ein Zufallsprodukt ist sie nie.

Dabei hat fast jeder ein Mensch eine Hemmschwelle, wie weit er in der Lüge zu gehen bereit ist. So kann es sein, dass ein Mann, der seine Frau nie anlügen würde, es gegenüber dem Fiskus mit der Wahrheit weniger genau nimmt. Eltern enthalten ihren Kindern mitunter Informationen vor – etwas, was ihnen bei ihrem Vorgesetzten nie in den Sinn käme.

Je mehr für die Person subjektiv auf dem Spiel steht, desto mehr fühlt sie sich unter dem Druck, sich für eine Lüge zu entscheiden. Für einen Teenager muss das nicht mehr sein als die Erlaubnis, am Samstagabend auszugehen. Freilich gibt es auch ernstere Situationen, wenn der Teenager Drogen nimmt oder gestohlen hat oder ein Erwachsener Steuern hinterzogen oder

> **Jede Lüge beruht auf einer bewussten Entscheidung – ein Zufallsprodukt ist sie nie.**

politische Intrigen geschmiedet hat. Worauf ich hinauswill: Unabhängig von den äußeren Umständen findet irgendwann eine bewusste Entscheidung zur Lüge statt.

Ich will an dieser Stelle in keine langatmige psychologische, philosophische und moralische Diskussion eintauchen über Charakter-, Sozialisierungs- und Selbstwertprobleme, die Menschen zur Lüge treiben. Für uns ist wichtig, dass die Entscheidung zur Lüge allein von dem Täuscher getroffen wird – und zwar mit vollem Bewusstsein. Zur Lüge „gezwungen" wird keiner – außer in sehr extremen Umständen, die nicht Gegenstand dieses Buchs sind.

Fähigkeit

Die Fähigkeit zur Lüge hängt gleichermaßen von der Kommunikationsfähigkeit und dem Intellekt der Person ab. Das heißt nicht, dass kommunikativ begabte Menschen eher zur

Täuschung neigen, nur dass sie im Vorteil sind, sollten sie sich für sie entscheiden. Andere, denen es am Kommunikationstalent zur Unterfütterung ihrer Täuschungsversuche fehlt, müssen sich stärker anstrengen. Unglücklicherweise gibt es einige, die mit einem natürlichen Talent zur Lüge geboren wurden.

Gelegenheit

Wenn sich ein begabter Kommunikator zur Lüge entscheidet, gibt es wenig, was Sie dagegensetzen können. Der einzige Schlüsselfaktor des Lügens, auf den Sie einen gewissen Einfluss haben, ist die Gelegenheit zur Lüge. Erwecken Sie den Eindruck, eine schlechte Zielscheibe für ein Täuschungsmanöver zu sein, indem Sie lernen, wie man Lügen erkennt und den Lügner zur Räson bringt. Damit geben Sie anderen weniger Gelegenheit, Sie zu belügen, und verringern die Wahrscheinlichkeit, dass sie die Gelegenheit nutzen, sollte sie sich ihnen einmal bieten. Außerdem minimieren Sie den Schaden, den Ihnen die Lüge zufügt.

> **Der einzige Schlüsselfaktor des Lügens, auf den Sie einen gewissen Einfluss haben, ist die Gelegenheit, die Sie zur Lüge geben.**

Auch Sie tragen Verantwortung

Häufig haben wir eine vage Ahnung, dass wir belogen werden, ohne dieses Bauchgefühl an konkreten Verhaltensweisen festmachen zu können. Solange keine bestätigenden Fakten vorliegen und wir nicht über das Handwerkszeug verfügen, das wir brauchen, um entscheiden zu können, wann jemand lügt und wann nicht, verlassen wir uns in der Regel auf unsere Empfindungen für die betreffende Person.

Handelt es sich um eine Person, die Sie gut kennen, verlassen Sie sich in der Regel auf frühere Interaktionen und die Dauer der Beziehung. Bei Fremden lassen Sie sich eher von Ihrer generellen Menschenkenntnis leiten oder dem Eindruck, den Sie von der Person haben.

Solche Empfindungen werden nie aufhören, eine Rolle zu spielen. Wenn Sie sich jedoch die Zeit nehmen, sich die in diesem Buch vermittelten Fähigkeiten anzuzeigen, verfügen Sie über mehr Informationen, auf die Sie Ihre Schlussfolgerungen gründen können, und über eine Auswahl an Optionen, wie Sie sich im Fall einer Lüge verhalten können. Sie wissen ja: Ziel dieses Buchs ist die *Verbesserung* Ihrer Beziehungen, nicht ihre Zerstörung.

Wenn eine Person versucht, eine andere zu täuschen, fragt sie sich im Vorfeld, wie empfänglich ihr Gesprächspartner für eine Täuschung ist. Hält der Lügner sein Gegenüber für sehr kompetent beim Erkennen von Lügen, reagiert er auf eine von zwei Weisen. Entweder er fühlt sich verschärftem Druck ausgesetzt, sodass er auf Anhieb erkennbare Anzeichen für eine Täuschung generiert. Oder aber er revidiert seine Entscheidung zur Lüge. Das Ergebnis: Seine Lügen sind

> **Sie müssen bereit sein zu untersuchen, welche Rolle Sie selbst in den Situationen spielen, in denen man Sie belügt.**

leichter erkennbar oder aber er lügt von vornherein weniger. Ihre beste Waffe gegen die Lüge ist das präzise Erkennen ihrer Signale in einem frühen Stadium.

Eine zweite Sache, die zu tun Sie bereit sein müssen, ist die Untersuchung Ihrer eigenen Rolle in Situationen, in denen man Sie belügt. Neigen Sie zu Emotionalität und machen es anderen daher schwer, Ihnen die Wahrheit zu sagen? Wie reagieren Sie auf eine Verletzung Ihrer Gefühle? Mit Ärger? Rachegedanken? Gewalt? Sind Sie bekannt als jemand, der schnell beleidigt ist? Bestrafen Sie Ihre Kinder,

wenn sie Ihnen gestehen, etwas angestellt zu haben? Egal
wie gut Sie lernen, Lügen zu erkennen – wenn die Menschen in Ihrem Umfeld Angst haben, Ihnen die Wahrheit zu
sagen, wird man Sie immer wieder belügen.

Gleichgültig, wie gut Sie sich die Informationen in diesem Buch merken: Wenn Sie nicht bereit sind, Ihre eigene
Rolle in der Interaktion kritisch zu betrachten – „Wie wütend habe ich meine Tochter angeherrscht, als sie zu spät
nach Hause kam?" –, und stattdessen immer nur die andere
Person im Visier haben, berücksichtigen Sie nur die Hälfte
der Gleichung. Wie Sie später erfahren, kann Ihr Verhalten
die Signale, die die andere Person aussendet, beeinflussen
und es so erschweren, diese richtig zu deuten. Man nennt
das „Kontaminierung" – ein Phänomen, auf das wir an späterer Stelle näher eingehen werden.

Behalten Sie Ihr Wissen für sich

Generell ist es besser, Ihre Gesprächspartner nicht wissen
zu lassen, welche Zeichen der Täuschung Sie an ihnen erkannt haben. Während Sie sich mit den
in diesem Buch vorgestellten Analyse-
methoden vertraut machen, ist die Ver-
suchung groß, der durchschauten Person zu sagen, dass Sie sie beim Lügen
erwischt und welche Verhaltensweisen
sie verraten haben. Was Ihnen anfangs
als gute Idee erscheint, weil Sie glauben, die Person damit stärker unter
Druck zu setzen, schadet Ihnen auf lange Sicht. Das hat
mehrere Gründe.

> **Es ist besser, Ihre Ge-
> sprächspartner nicht
> wissen zu lassen, welche
> Zeichen der Täuschung
> Sie an ihnen erkannt
> haben.**

Erstens: Nachdem Sie erklärt haben, was den Betreffenden verraten hat, müssen Sie damit rechnen, dass die „ge-

warnte" Person dieses Verhalten von nun an bewusst unterdrückt. Zweitens: Weiß die Person erst, womit sie sich verraten hat, kann es sein, dass sie in Zukunft andere Verhaltensweisen zur Maskierung wählt oder das als Täuschungssymptom entlarvte Verhalten in Situationen zur Schau stellt, in denen sie die *Wahrheit* sagt. Damit möchte sie Sie verwirren und Ihr Vertrauen in die Richtigkeit Ihrer Diagnose erschüttern. Sie bezweifeln, dass Menschen so viel Geistesgegenwart und Kontrolle über ihr Verhalten besitzen? Wie auch immer – Fakt bleibt, dass Sie sich Ihre Aufgabe um einiges schwerer gemacht haben.

Wenn Sie mit dem Finger auf die beobachteten Symptome deuten, ziehen Sie außerdem Ihr Familienleben sowie Ihre sozialen und geschäftlichen Kontakte in Mitleidenschaft. Denn niemand wird gern explizit auf Fehler oder Schwächen hingewiesen. Tun Sie das trotzdem, verfälschen Sie die Verhaltensweisen der Menschen in Ihrem Umfeld, die nun zu Recht befürchten, Sie würden jedes Wort auf die Goldwaage legen und nach Täuschungssignalen suchen. Verkneifen Sie sich, sich als menschlicher Lügendetektor profilieren zu wollen. Schulen Sie Ihre Fähigkeit zum Erkennen von Lügen, so wie Sie lernen, Ihre Fähigkeit zur Kommunikation zu verbessern. Indem Sie erkennen, wann jemand in einer Unterhaltung unter Stress steht und wann er oder sie abwägt, ob es sicher ist, Ihnen die Wahrheit zu sagen, können Sie eine Atmosphäre des Vertrauens schaffen, von der Ihre persönlichen Beziehungen außerordentlich profitieren. Bei Fremden, die Ihnen eine Dienstleistung oder ein Produkt anbieten, hilft Ihnen diese Fähigkeit, einzuschätzen, wann es ratsam ist, zusätzliche Informationen oder Referenzen einzuholen oder sich weiter umzuhören. In diesem Buch gebe ich Ihnen Instrumente an die Hand, die Sie ergreifen können, wenn Sie sicher sind, einer Täuschung auf die Spur gekommen zu sein. Damit Sie nicht nur lernen, wie man Lügen erkennt, sondern auch, wie man gegen sie vorgeht.

Definition „Ausweichen"

Die im vorangegangenen Abschnitt beschriebene direkte Täuschung impliziert ein aktives Abwandeln oder Manipulieren der Wahrheit. Sie setzt einen gewissen Grad an Fantasie voraus. Eine alternative Methode der Täuschung ist die indirekte Form – das Ausweichen. Beim Ausweichen enthält der Täuscher dem Zuhörer wesentliche Informationen lediglich vor, ohne sie zu verändern. Für den Täuscher hat das Ausweichen sowohl Vor- als auch Nachteile.

Ausweichen ist die indirekte Form der Täuschung.

Ein Vorteil dieser indirekten Täuschungsmethode: Sie ist intellektuell weniger anspruchsvoll und mental weniger anstrengend. Um mit einer direkten Täuschung Erfolg zu haben, muss ich mir frühere Lügen merken, neue Lügen in Übereinstimmung mit den alten erfinden und diese neuen Lügen so vage und offen gestalten, dass ich sie bei Bedarf abändern oder ergänzen kann. Beim Ausweichen muss ich mir keine früheren Aussagen merken, weil ich Informationen, statt sie aktiv zu verändern, einfach weglasse.

Ein weiterer Vorteil ist, dass das, was ich sage, der Wahrheit entspricht. Da die Informationen, die ich an den Zuhörer weitergebe, auf der Wahrheit basieren, verliere ich weniger leicht den Faden. Bevor ich Fragen beantworte, muss ich nicht erst sortieren zwischen der Wahrheit und dem Netz aus Lügen, das ich gesponnen habe. Es genügt, wenn ich

bestimmte Informationen aus meinem Bericht heraus-
schneide.

Damit mein Ausweichen erfolgreich ist, muss ich eine
Vorstellung davon haben, wie viel mein Zuhörer genau wissen muss, um das Gefühl zu haben, die Wahrheit zu kennen.
Dann muss ich sorgfältig selektieren, was ich ihm erzähle.
Mein Ziel ist es, nur wenige Fakten preiszugeben und ihn
den Rest raten zu lassen. Ich muss ihm genügend Informationen geben, damit er zufrieden ist, während ich ihm aber in
Wirklichkeit nur mitteile, was er braucht, um die falschen
Schlüsse zu ziehen. Dass er die falschen Schlüsse gezogen
hat, entnehme ich seinen Fragen und Bemerkungen, hüte
mich aber, ihn zu korrigieren. Schließlich will ich, dass
meine Täuschung gelingt. Die Geschichte von dem Reisen-
den und dem Hund veranschaulicht diese Taktik sehr gut.

Ein Mann aus der Stadt macht eine Landpartie und hält
zum Mittagessen in einer kleinen Ortschaft an. Bei einem
Spaziergang sieht er einen alten Mann auf einer Parkbank
sitzen und Zeitung lesen. Neben ihm sitzt ein ungewöhnlich
aussehender Hund. Der Reisende geht auf den Mann zu,
setzt sich neben ihn und fängt eine Unterhaltung an. Doch
seine freundlichen Fragen beantwortet der Fremden gegenüber argwöhnische Dorfbewohner äußerst knapp und mür-
risch. „Das ist aber ein ungewöhnlich aussehender Hund,
den Sie da haben", sagt der Stadtmensch. Der alte Mann
nickt stumm. „Ihr Hund macht einen sehr braven Eindruck",
fährt der Städter fort. Wieder ein stummes Nicken. „Beißt
er?", fragt der Städter. „Nö", antwortet der alte Mann. „Was
dagegen, wenn ich ihn streichele?" „Nö." Der Städter
streckt die Hand aus, um den Hund zu streicheln, der zu
knurren anfängt und ihm kräftig in die Hand beißt. Daraufhin brüllt der Städter: „Verdammt, Sie haben doch gesagt,
Ihr Hund beißt nicht!" „Mein Hund beißt auch nicht", antwortet der alte Mann. „Na, Sie sehen doch, was er mit mei-

ner Hand angerichtet hat!", schreit der Verwundete zurück. „Das ist nicht mein Hund", erwidert grinsend der alte Mann.

Obwohl es mehr um das „Nicht-Sagen" als um das „Sagen" geht, stellt auch die indirekte Täuschungsmethode den Praktizierenden vor bestimmte Anforderungen. Erstens muss der Täuscher die Wahrheit gut kennen, um zu wissen, welche Aspekte er zensieren oder herausschneiden sollte.

Zweitens muss der Ausweicher richtig abwägen, wie viele Informationen er der Person, die er in die Irre zu führen hofft, mitteilen sollte. Der Grat zwischen zu viel Information und nicht genug Information, um Fehlinterpretationen zu erlauben, ist äußerst schmal. Sagt der Ausweicher zu viel, kommt möglicherweise die Wahrheit ans Licht. Sagt er zu wenig, merkt sein Gegenüber vielleicht, dass ihm Informationen vorenthalten werden, und wird skeptisch. Um den Erfolg seiner Mission einzuschätzen, muss der Ausweicher sehr genau zuhören. Er muss die Kunst der Kommunikation beherrschen, exakt wissen, was er sagen sollte und wann. Wichtiger noch: Er muss wissen, wann er am besten den Mund hält!

Der Umgang mit Ausweichern

Auf Weglassen oder Ausweichen beruhende Lügen zu identifizieren ist für das Opfer nicht einfach. Die direkte Täuschung ist viel leichter zu erkennen, weil man über konkretes „Material" verfügt: die Lügen der Person oder die falsche Version der Wahrheit, außerdem die Stress- und Täuschungssymptome, die sie zeigt, während sie sich um

Stellen Sie dem Ausweicher direkte oder indirekte Fragen.

eine stimmige Story bemüht. Um indirekte Täuschungsmanöver zu erkennen, ist mehr Logik als Beobachtungsgabe gefragt. Sie müssen die Lücken in der Erzählung bemerken, holperige Übergänge, fehlende Details. Außerdem dürfen Sie keinerlei Vermutungen anstellen, denn genau das möchte der Lügner: dass Sie falsche Schlüsse ziehen. Stattdessen müssen Sie bei den Aspekten der Geschichte nachhaken, die Sie für unvollständig oder schwammig halten. Sie müssen dem Lügner die Auskünfte Stück für Stück aus der Nase ziehen und nur die Dinge glauben, von denen Sie genau wissen, dass sie der Wahrheit entsprechen.

Je nachdem, mit wem Sie es zu tun haben, können Sie sich für direkte oder weniger direkte Fragen entscheiden. Sie können die Vermutung, von der Sie glauben, die Person möchte, dass Sie sie hegen, laut aussprechen und sehen, ob Sie richtig liegen. Mit direkten Fragen konfrontiert muss der Ausweicher entweder zur knallharten Lüge greifen oder mit mehr Informationen herausrücken. Wählt er die knallharte Lüge, verfügen Sie nach der Lektüre dieses Buchs über das notwendige Instrumentarium für deren Aufdeckung.

Täuschen und Ausweichen – die Beweggründe

Wenn eine Person zu täuschen oder auszuweichen beschließt, gibt es dafür meist zwei Gründe: Entweder weil sie ihr Gegenüber über Ereignisse in der Vergangenheit in die Irre führen und auf diese Weise verhindern möchte, dass er oder sie die Wahrheit erfährt. Oder weil es einen verdeckten Plan gibt, den sie verwirklichen will.

Belüge ich Sie über mein Tun in der Vergangenheit, dann vor allem, um mich vor Bestrafung, egal in welcher Form, zu schützen. Ihre Enttäuschung kann für mich Bestrafung genug sein. Das ist oft bei Jugendlichen und ihren Eltern der Fall. Oder ich fürchte vielleicht, wenn Sie über mein Tun Bescheid wüssten, würde dies das Bild zerstören, das Sie von mir haben. Möglich, dass es mich viel Mühe gekostet hat, dieses Image zu errichten. Handelt es sich bei meinem Tun um ein ernstes Vergehen, kann es sein, dass mein Job, meine Ehe, mein Ansehen oder sogar meine Freiheit auf dem Spiel stehen, wenn Sie davon Wind bekommen.

Ein Geschäftsmann, der Investorengelder in den Sand setzt, oder ein verheirateter Politiker, der eine Affäre mit seiner Sekretärin hat, wird versuchen, seinen Fehler zu vertuschen – und seine Lage dadurch oft nur verschlimmern. Denkbar ist auch, dass ich Sie wegen etwas täusche, das ich noch nicht getan habe, aber in Zukunft zu tun plane oder hoffe. In diesem Fall habe ich ein klares Ziel, und würden Sie es kennen, würde das meinen Plan eventuell durchkreuzen. In diesem Fall möchte ich mit meiner Täuschung eine Illusion erschaffen. Sie sollen glauben, was Sie sehen oder was Sie erwarten.

Ein Beispiel: Ein Teenager möchte unbedingt zu einer Party, weiß aber, dass seine Eltern es ihm nicht erlauben werden. Also behauptet er, einen Freund zu besuchen und von dort aus vielleicht ins Kino zu gehen, damit seine Eltern ihm nicht hinterher telefonieren können. Auf die Warnung seiner Eltern, ja nicht zu der Party zu gehen, schwört er, das habe er zu keiner Sekunde vorgehabt, beschwert sich gar über ihr mangelndes Vertrauen.

Oder jemand möchte sein Auto verkaufen, weil das Getriebe häufiger aufmuckt und er die teure Reparatur nicht machen lassen will. Potenziellen Käufern, die nach dem Zustand des Wagens, dem Benzinverbrauch, Werkstattaufenthalten etc. fragen, verschweigt er die Getriebeprobleme geflissentlich. Schließlich haben sie nicht explizit danach gefragt, und er möchte den Wagen loswerden.

Täuschung und Ausweichen verfolgen immer ein bestimmtes Ziel. Den meisten von uns sind beide Rollen vertraut – die des Täuschers und des Getäuschten. Familienmitglieder, enge Freunde, Kollegen oder Fremde – sie alle versuchen, uns hin und wieder zu täuschen. Wie wir diese Versuche erkennen und ihnen begegnen, hängt nicht zuletzt davon ab, wie nahe uns der Täuscher steht.

Definition „Stress"

Unser Leben ist eine Serie kurzfristiger und längerfristiger Ziele, die für das stehen, was uns wichtig ist, und unseren Mitmenschen viel über unsere Persönlichkeit verraten. Diese Ziele sind der Grund, weshalb wir uns so verhalten, wie wir es tun. Einige der Ziele sind komplex und dienen als eine Art Blaupause dafür, wie wir von anderen wahrgenommen werden und welchen spirituellen und religiösen Maximen wir uns verschreiben möchten. Daneben gibt es banalere Ziele, etwa beim nächsten Bowlingabend zu glänzen oder beim Golfwochenende unter Par zu spielen. Worauf es letztlich ankommt, ist, wie wichtig uns das Erreichen des angestrebten Ziels ist und wie engagiert wir es verfolgen. Sehen wir reale oder eingebildete Bedrohungen unserer Fähigkeit, diese Ziele zu verfolgen oder zu erreichen, kann uns dies in intellektuelle und emotionale Konflikte stürzen. Diese inneren Spannungen sind unter dem Oberbegriff Stress zusammengefasst.

Stress wird auf drei Ebenen erlebt – körperlich, emotional und mental. Körperliche Stresssymptome sind unter anderem Schwitzen, Magenkrämpfe, erweiterte Pupillen, hastige oder flache Atmung. Unser Gesicht rötet sich und die Muskeln werden hart, während wir uns auf Flucht oder Kampf vorbereiten. Unsere Hände beginnen zu zittern, das Gleichgewicht bereitet Probleme, alles Blut scheint aus unseren Adern zu weichen. Auf emotionaler Ebene erleben wir Ärger oder Angst. Mentale Veränderungen können sein: Verwirrung, Gedankensprünge, übersteigerte Konzentration, Vergesslichkeit und sogar Halluzinationen.

Unbewältigter Stress kann eine ganze Reihe physischer und psychischer Probleme hervorrufen. Zu den physischen Problemen gehören extreme Gewichtsverluste, Haarausfall, Bluthochdruck bis hin zum Schlaganfall, Kopfschmerzen, Rückenschmerzen, Muskelschmerzen, Muskelspasmen, Ohrensausen, Herzinfarkt, Magen-Darm-Probleme, Hautausschlag, Gelenkschmerzen, chronische Krankheiten oder chronisches Ermüdungssyndrom. Ferner kann es zu emotionalen Störungen wie Depressionen, Persönlichkeitsstörungen, Gedächtnisstörungen, Paranoia und einer verringerten Selbstbeherrschung kommen, mitunter gar zu Psychosen und geistiger Verwirrung. All

> **Nicht alle Anzeichen von Stress sind Indikatoren für einen Täuschungsversuch.**

diese Probleme werden durch chemische Ungleichgewichte im Körper oder durch emotionale Spannungen erzeugt, die Folgen einer andauernden und exzessiven Stressbelastung sind.

Belohnungen und Bestrafungen kennzeichnen unser Leben. Mit etwas Erfahrung lernen wir, welche unserer Verhaltensweisen belohnt und welche bestraft werden. Folglich lassen wir uns in unseren Entscheidungen künftig von dem Wunsch nach Maximierung des positiven und Minimierung des negativen Feedbacks leiten. Manchmal schätzen wir die Konsequenzen unserer Entscheidungen allerdings falsch ein. Wir rechnen mit einem positiven Ergebnis, doch tatsächlich ist der Ausgang negativ. Wenn dies geschieht, stehen wir vor der Wahl: Kampf oder Flucht. Wir erleben Stress, weil die Situation zu einem anderen als dem erwarteten Ergebnis führte.

Der Alltag steckt voller Stress erzeugender Situationen. Sie möchten Ihr Kind vom Kindergarten abholen und stellen fest, dass Sie einen platten Reifen haben. Sie erwarten Gäste und müssen vorher noch das Dessert zubereiten, die Küche aufräumen, duschen und sich anziehen. Oder Sie werden auf dem Weg zur Arbeit geblitzt, weil Sie zu schnell gefahren sind. Der durch diese und ähnliche Situationen erzeugte Stress wird als genereller Stress bezeichnet.

Was sind die tatsächlichen Ursachen für diesen Stress? Wird er durch äußere oder innere Auslöser verursacht? Ist die Überlastung im Job verantwortlich oder Ihr Abteilungsleiter, der alles, was Sie tun, hyperkritisch beurteilt? Stresst Sie die Tatsache, dass Sie viel Geld für das Studium Ihres Sohnes bezahlen, dessen Fleiß aber sehr zu wünschen übrig lässt? Stresst es Sie, dass Sie so oft unter Zeitdruck stehen? Jedes Jahr mit Ihrer Steuererklärung kämpfen? Die Antwort ist jedes Mal negativ: Keine dieser Situationen ist die wahre Ursache für Ihren Stress. Was wirklich Stress erzeugt, ist Ihre Haltung gegenüber diesen Problemen. Der griechische Philosoph Epiktet erkannte: „Nicht die Dinge selbst setzen dem Menschen zu, sondern was er über sie denkt." Wenn wir zu lange und zu intensiv über ein Problem nachdenken, führen unsere Gedanken und die mit ihnen verbundene Frustration dazu, dass wir uns überwältigt und machtlos fühlen.

Alle Täuschungssignale – ob verbal oder nonverbal – sind eine Form von Stress, aber nicht alle Stressanzeichen sind Indikatoren für eine Täuschung. Erinnern Sie sich an das Gefühl extremer Nervosität vor einem Bewerbungsgespräch oder daran, wie Ihr Herz klopfte, als Sie vor der ganzen Klasse ein Gedicht rezitieren sollten? Damals hatten Sie keine Lüge vor – Sie wünschten sich nur, den Job zu bekommen, oder fühlten sich durch Ihre Mitschüler eingeschüchtert.

Der Stress, den Sie empfinden, wenn Sie andere zu täuschen versuchen, hat eine andere Qualität. Sie legen nach wie vor typische Stresssymptome wie Schwitzen, geistesabwesendes Händeringen, Armeverschränken oder eine schrille Tonlage an den Tag. Der Unterschied hängt mit dem Ursprung des Stresses und den sich daraus ergebenden Symptomen zusammen. Wir generieren Täuschungsindikatoren, weil wir gegenüber einer bestimmten Sache emotional empfinden und nicht wollen, dass die andere Person etwas von unseren wahren Gefühlen erfährt. Oder umgekehrt: Wir möchten, dass uns die andere Person eine Emotion „abkauft", die wir in Wirklichkeit gar nicht empfinden. Folglich müssen wir ihr etwas vorgaukeln, damit sie die emotionale Inkongruenz nicht bemerkt. Die Sorge, ob die betreffende Person unser Theaterspiel für bare Münze nimmt, ist verantwortlich für unseren Stress.

Der mit Täuschung assoziierte Stress entsteht durch den Konflikt zwischen der Wahrheit und der Art und Weise, wie wir sie darstellen. Die Wahrheit über eine Sache zu kennen und sie durch falsche Wiedergabe der Fakten zu ändern beschwört Probleme herauf. Der Lügner muss seine Aussagen sorgfältig redigieren und zensieren. Tut er das nicht, geht er ein Risiko ein. Sein Stress entsteht aus der mentalen Anforderung, jedes Wort penibel abwägen zu müssen, kombiniert mit der Sorge, die andere Person könne sein Schauspiel durchschauen.

Alle Formen von Stress lassen sich letztlich auf Belohnung und Bestrafung als Hauptthema zurückführen. Was ist meine Strafe, wenn ich mit meinem Täuschungsversuch scheitere? Welchen Preis muss ich zahlen? Wie weit werde ich zurückgeworfen auf dem Weg zu meinem Endziel? Werde ich es vielleicht nie erreichen? Bin ich bereit, alle Vorsicht über Bord zu werfen, sämtliche Hebel in Bewegung zu setzen und die notwendigen Opfer zu bringen?

Diese Fragen verdeutlichen das Dilemma, in dem sich der Täuscher befindet.

Überwiegend werden Sie Anzeichen für Stress wahrnehmen, die einen Täuschungsversuch indizieren können oder auch nicht. Nützlich ist für Sie die Feststellung: „Aha! Mein Gesprächspartner steht momentan unter Stress." Dann können Sie Klartext mit ihm reden. Wenn Sie es schaffen, ihn zu einem Bekenntnis seiner wahren Ziele zu bewegen, sind Sie besser in der Lage, seine Motivationen zu verstehen und auf konstruktive Weise mit ihm zu kommunizieren.

Beziehungen

Wir können die Menschen, mit denen wir im täglichen Leben Umgang pflegen, vier großen Kategorien zuordnen – vertraute, persönliche, soziale und öffentliche Kontakte. Jede dieser Gruppen besitzt ihre eigene Relevanz, und unsere Beziehungen zu ihnen sind unterschiedlicher Natur. Möglich ist auch, dass die Menschen in unserem Leben zwischendurch die Gruppe wechseln.

Gruppe der Vertrauten

Die Gruppe der Vertrauten besteht aus Leuten, mit denen wir sehr enge Beziehungen unterhalten. Sie sind in der Regel diejenigen, die unsere persönlichen Ziele und Träume, unsere Erfolge und Niederlagen am besten kennen, weil sie uns durch Höhen und Tiefen begleitet

> **Unehrlichkeit zwischen den Mitgliedern dieser Gruppe erzeugt fast immer ein hohes Maß an emotionalem Schmerz.**

haben. Zu dieser Gruppe gehören Eltern, Ehepartner, Kinder, Geschwister, Verwandte, Liebhaber, Vertraute sowie

Freunde oder Personen, die stellvertretend in eine oder mehrere der genannten Rollen schlüpfen.

Unehrlichkeit zwischen den Mitgliedern der vertrauten Gruppe erzeugt fast immer ein hohes Maß an emotionalem Schmerz. Schließlich betrügt der Täuscher diejenigen Menschen, die ihm das größte Vertrauen geschenkt haben. Falls ein Mitglied die Erwartungen der Gruppe nicht erfüllt, löst das Enttäuschung aus, doch letztlich wird ihm vermutlich verziehen. Dagegen heilen durch offenkundige Unehrlichkeit entstandene Wunden nur schwer. Die ungeschriebene Regel in dieser Gruppe lautet: Zwischen uns herrscht uneingeschränktes Vertrauen. Wir sind aufrichtig miteinander und unterstützen uns gegenseitig. Die Gruppenmitglieder haben ihr Innerstes bloßgelegt in der Hoffnung, bedingunglos – mit allen Macken und Schwächen – akzeptiert zu werden. Wenn ich jemanden in meinem intimen Kreis aus selbstsüchtigen Motiven oder in dem Wissen, ihm mit meinem Verhalten persönlich zu schaden, täusche, reiße ich einen tiefen Graben zwischen uns. Für ein solches Vergehen riskiere ich die schlimmste aller Strafen – den Entzug von Liebe. Außerdem ist mein Risiko groß, dass die Täuschung auffliegt, denn ich betrüge einen Menschen, der mich in allen Einzelheiten kennt und meine Lügen daher leicht durchschaut. Vorteilhaft ist für den Täuscher, dass die Getäuschten einem Mitglied ihrer vertrauten Gruppe einen Betrug oder Hinterhalt gar nicht erst zutrauen.

Persönliche Gruppe

Mein persönlicher Kreis umfasst meine engen Freunde, eine kleine Gruppe von Menschen, mit denen ich regelmäßig Kontakt habe – ein paar auserwählte Kollegen, ehemalige Kommilitonen, Leute, mit denen ich zusammen Sport treibe, oder das befreundete Ehepaar, mit dem meine Frau und ich uns regelmäßig zum Essen treffen. Für diese Gruppe gelten andere Regeln als für den intimen Kreis.

> **Kommt es in dieser Gruppe zu Täuschungsversuchen, hängt sehr viel von der Art der Täuschung ab.**

Kommt es in dieser Gruppe zu Täuschungsversuchen, hängt sehr viel von der Art der Täuschung ab. Vielleicht gebe ich ständig Anekdoten zum Besten, die jedes Mal ein bisschen unglaubwürdiger werden. Das sind kleine, von der Gruppe häufig geduldete Lügen. Sollte ich jedoch, etwa aus Profitgier, das Vertrauen eines Gruppenmitglieds missbrauchen, werde ich diese Person als Freund verlieren.

Erwischt man mich dabei, wie ich ein Gruppenmitglied hinters Licht führe, muss ich mich darauf einstellen, dass die Verärgerung dieser Person lange Zeit anhält und sie in Zukunft im Umgang mit mir vorsichtig sein wird. Bei schwer wiegenden Täuschungen kann es sogar sein, dass ich aus der Gruppe ausgestoßen werde. Täuschungsversuche in der persönlichen Gruppe können sehr wohl emotional schmerzhaft sein, doch geht man meist, im Gegensatz zur Gruppe der Vertrauten, ohnehin davon aus, dass Beziehungen in dieser Gruppe nicht ewig halten. So wie wir uns im Verlauf unseres Lebens ändern, ändert sich auch unser Freundeskreis. Und der fehlende Kontakt zu einem früheren Freund ist selten so schmerzhaft wie eine Entfremdung von Geschwistern, Eltern oder Ehegatten.

Soziale Gruppe

Die soziale Gruppe besteht aus Individuen, mit denen ich gelegentlich verkehre. Häufig haben wir wenig gemeinsam – sieht man von bestimmten Situationen ab. Es kann sich hier-

> **Unter den Mitgliedern der sozialen Gruppe gibt es keine Garantie, dass sie jederzeit ehrlich zueinander sind.**

bei um Mitglieder meiner Pfarrgemeinde handeln, Leute, die ich häufiger beim Metzger sehe, meinen Tankwart oder Eltern, deren Sohn in der gleichen Mannschaft trainiert wie meiner. Ich erkenne sie, und sie wissen umgekehrt, wer ich bin.

In diese Gruppe fallen auch die temporären Beziehungen zu Händlern, Verkäufern oder Leuten, deren Dienstleistung ich in Anspruch nehme. Die Grundlage für unsere flüchtige Beziehung ist das Wissen, dass wir etwas besitzen, das der andere braucht oder haben möchte. Sollte ich feststellen, dass die andere Person mich täuscht, habe ich keine Skrupel, die Beziehung zu beenden oder meinem Gegenüber direkt ins Gesicht zu sagen, dass ich glaube, belogen worden zu sein. Umgekehrt schrecke ich selbst weniger vor einer Lüge zurück. Das Schlimmste – so meine Überlegung –, was mir passieren kann, sofern ich nichts Illegales getan habe, ist, dass ich jemand anderen finden muss, der mir das gibt, was ich haben will. Allerdings muss ich damit rechnen, dass das Opfer meiner Täuschung mich öffentlich zu diskreditieren oder bloßzustellen versucht.

Unter den Mitgliedern dieser Gruppe gibt es keine Garantie, dass sie ehrlich zueinander sind. Oft muss im Gegenteil sogar von Täuschungsversuchen ausgegangen werden, und es ist die Pflicht jedes Einzelnen, die notwendigen Maßnahmen zu seinem Schutz zu ergreifen. Der temporäre Charakter der Beziehungen gebietet höchste Wachsamkeit. Den Mitgliedern dieser Gruppe zu viel Vertrauen entgegenzubringen könnte ein kostspieliger Fehler sein. Mit anderen Worten: Vertrauen Sie dem flüchtigen Bekannten, der beim Fußballspiel Ihres Sohns neben Ihnen auf der Bank sitzt, nicht Ihr Erspartes an, ohne vorher wie bei einem Fremden Erkundigungen über ihn eingeholt zu haben.

Öffentliche Gruppe

Die letzte Gruppe heißt „öffentliche" Gruppe, weil sie den Rest der Welt umfasst – Politiker, bekannte Sportler, VIPs der Medien- und Entertainmentbranche und andere im Rampenlicht stehende Personen, deren Handeln wir aus der Distanz studieren.

Die Mitglieder dieser Gruppe verfügen über eine große öffentliche Plattform, die die Wirkung ihrer Täuschung verstärkt. Täuschungsversuche in der politischen Arena verfolgen das Ziel, das öffentliche Image der Person zu bewahren und ihr letztlich die Möglichkeit der Kontrolle über viele Menschen zu geben. Die Triebfeder ist fast immer Eigennutz.

> **Täuschungen durch Mitglieder der öffentlichen Gruppe sollten wir auf gar keinen Fall akzeptieren.**

Sollte eine öffentliche Person bei einer Lüge erwischt werden, besitzt sie entweder genügend Charisma zur Überwindung des Schadens oder sie greift zu weiteren Lügen, um von dem durch das erste Vergehen entstandenen Schaden abzulenken. Der überführte Täuscher kann sich sicher sein, dass die Öffentlichkeit sein Vergehen vergessen hat, sobald ein anderer Skandal oder eine andere Krise Schlagzeilen macht. Nach ein paar Jahren wird man ihm seine Fehler so gut wie verziehen haben, sollten sie überhaupt noch erinnert werden als das, was sie waren – ein Missbrauch des öffentlichen Vertrauens.

Zu den Mitgliedern der öffentlichen Gruppe haben wir so gut wie nie persönlichen Kontakt. Und in der heutigen Zeit erschüttert es uns oft gar nicht einmal mehr, dass unser Vertrauen von diesen öffentlichen Figuren schändlich missbraucht wurde. Dabei sollten wir solche Vergehen auf gar keinen Fall akzeptieren. Ihren hohen öffentlichen Status verdanken diese Personen nämlich allein der Tatsache, dass wir sie in ihre Ämter gewählt haben. Sollten sie die von uns empfangene Macht missbrauchen und wir sie nicht zur Verantwortung ziehen, bedeutet unser Stillschweigen, dass wir ihre Unehrlichkeit akzeptieren. Warum sollten wir dann von den Mitgliedern unserer vertrauten, persönlichen und sozialen Gruppe – und letztlich von uns selbst – etwas anderes erwarten?

In Situationen, in denen Sie einer öffentlichen Person eine Täuschung zutrauen, müssen Sie anhand der Ihnen verfügbaren Informationen selbst entscheiden, wie es um ihre Glaubwürdigkeit und Integrität bestellt ist.

Fehleinschätzungen

Ein möglicher Grund, warum die breite Öffentlichkeit sich mit dem Erkennen von Lügen so schwer tut, ist der, dass wir an den falschen Stellen nach Signalen suchen oder, durch Mythen und Volksweisheiten in die Irre geführt, denken, Täuscher würden sich durch bestimmte Verhaltensweisen „outen". Viele dieser Fehleinschätzungen entwickeln ein Eigenleben, und viele Leute sind sich absolut sicher, dass diese Pseudo-Symptome absolut verlässlich seien. Ebenfalls eine Rolle spielt die Einschätzung unserer eigenen Fähigkeiten zum Identifizieren von Lügen. Viele Leute sind felsenfest davon überzeugt, Täuschungen jederzeit erkennen beziehungsweise einer bestimmten Person regelrecht ansehen (!) zu können: „Oh, ich merke *jedes Mal sofort*, wenn er lügt."

In der Zeit, als ich als Ausbilder von Strafrechtsstudenten und jungen Kriminalbeamten beschäftigt war, gab es häufig Situationen, in denen ich perplex oder geradezu amüsiert war über die offiziell gelehrten Zeichen der Täuschung. Einige dieser Symptome waren auf Volksweisheiten zurückzuführen, die ich schon häufiger gehört hatte; andere so hanebüchen, dass sie keinerlei Sinn machten. Solche Fehlinformationen sind verwirrend und mitschuldig an unserem meist kläglichen Versagen beim Erkennen von Täuschungen.

Die meisten dieser Meinungen, woran Täuschungsmanöver zu erkennen seien, stützen sich auf das Beobachten von Gesicht und Augen sowie auf verbale Signale. Ein verbreiteter Irrtum besagt, wer die Wahrheit sage, könne einem grundsätzlich in die Augen sehen, während Lügner dies nicht könnten. Eine andere interessante Fehleinschätzung, die sogar bis in die Polizeiakademien vorgedrungen ist, geht davon aus, Lügner seien daran zu erkennen, ob sie ihren Blick nach rechts oder links wegdrehten. Für diese These existieren keinerlei wissenschaftliche Belege – im Gegenteil: Studien, die diese untermauern sollten, führten zu keinem Ergebnis. Der Augenkontakt allein ist kein verlässliches Zeichen für Lüge oder Wahrheit.

Neben den Augen tendieren viele Menschen dazu, das Gesicht des Gegenübers zu beobachten in der Hoffnung, Zeichen des Verrats darin zu erkennen. In den meisten Fällen haben sie nicht die geringste Ahnung, wonach sie eigentlich Ausschau halten – irgendein verräterischen Runzeln oder Zucken, aus dem sie dann einen Täuschungsversuch ableiten. Tatsache ist jedoch, dass der Bereich von Kopf und

> **Wir suchen an den falschen Stellen nach Zeichen der Täuschung.**

Gesicht weniger Symptome generiert als der restliche Körper. Das hat vor allem den Grund, dass der Sprecher bewusst oder unbewusst merkt, wie präzise man seine Mimik beobachtet, und sich deshalb um das sprichwörtliche „Pokerface" bemüht – meist mit Erfolg.

Andere halten das Verschränken von Armen oder Beinen während einer Unterhaltung für ein untrügliches Zeichen, dass ihnen eine Lüge aufgetischt wird. Jemand, der unruhig auf seinem Stuhl hin und her rutscht oder seine Finger knetet, wird oft unrechtmäßig zum Lügner gestempelt, ebenso wie Leute, die im Satz häufig „äh", „oh" oder „hmm" einflechten.

Die folgenden Kapitel, die sich näher mit verschiedenen Bereichen des verbalen und nonverbalen Verhaltens beschäftigen, erläutern, welche Symptome verlässliche Zeichen für eine Täuschung und welche lediglich Stressindikatoren sind. Dieses Buch räumt mit Fehleinschätzungen auf und gibt Ihnen ein Instrumentarium an die Hand, Täuschungsmanöver zuverlässig zu identifizieren. Ihre Trefferquote wird sich in jedem Fall verbessern – und mit ihr Ihre Kommunikationsfähigkeit.

Die sieben Schlüssel
zum Erkennen einer Lüge

Grundsätzlich verwendet die menschliche Kommunikation vier Methoden oder „Kanäle": Körpersprache (nonverbales Verhalten), Stimmqualität, sprachliche Inhalte und so genannte Mikrosignale oder „Mikroexpressionen"[1].

> **Wir reagieren auf unsere Umgebung und ihre zahlreichen Stimuli auf zwei Ebenen – einer mentalen (kognitiven) und einer emotionalen Ebene.**

Der nicht verbale Kanal der Körpersprache stellt den weitaus größten Anteil menschlicher Kommunikation – rund 65 Prozent dessen, was wir nach außen tragen.[2] Nonverbales Verhalten wird auch als „kinetisches" Verhalten bezeichnet, ein Anfang der 50er Jahre von Professor Ray L. Birdwhitsell, dem ersten ernst zu nehmenden Beobachter körpersprachlicher Phänomene, geprägter Begriff. Die Kanäle Stimmqualität, sprachliche Inhalte und Mikroexpressionen machen die restlichen 35 Prozent menschlicher Kommunikation aus.

Wir reagieren auf unsere Umgebung und ihre zahlreichen Stimuli auf zwei Ebenen – einer mentalen (kognitiven) und einer emotionalen Ebene. Unsere Reaktionen werden über die vier Kanäle Körpersprache, Stimmqualität, sprachliche Inhalte und Mikroexpressionen kommuniziert, die im harmonischen Konzert agieren – ähnlich wie ein Streichquartett. Dieses „Quartett" hatte ein ganzes Leben lang Gelegenheit zum Üben. Trotzdem gerät es durch Täuschungsversuche aus dem Takt, wenn eines oder mehrere seiner Mitglieder eine falsche Tonlage oder gar eine andere Version des Musikstücks anstimmen und wir versuchen, das Quartett ohne Notenvorlage zu dirigieren. Zu welchen Misstönen das führt, kann sich jeder ausmalen! Indem wir unsere Mitmenschen anzulügen oder zu täuschen versuchen, stören wir das empfindliche Gleichgewicht unseres Kommunikationssystems, und unser Bemühen, das Klangergebnis zu kontrollieren, macht oft alles nur noch schlimmer. In diesen Momenten der „Kommunikations-Disharmonie" entstehen die Signale, die verraten, dass eine Person unter hohem emotionalen und/oder mentalen Stress steht und möglicherweise nicht die Wahrheit sagt.

> **Unsere Reaktionen werden über die vier Kanäle Körpersprache, Stimmqualität, sprachlicher Inhalt und Mikroexpressionen kommuniziert.**

Ein Teil der Problematik bei der Kontrolle unseres Kommunikations-Outputs hängt mit unserem Selbstverständnis als Lügner zusammen. Wie erwähnt, reagieren wir auf einer kognitiven und einer emotionalen Ebene auf unsere Umwelt. Während ich lüge, bin ich im günstigsten Fall in der Lage, einige meiner mentalen Prozesse zu kontrollieren. Beispielsweise kann es sein, dass ich etwas Unrechtes getan und nun Angst habe, jemand könnte mir auf die Schliche kommen. Oder ich will etwas verkaufen, eine Dienstleistung an den Mann bringen. Für den Fall, dass ich entlarvt werde, bemühe ich mich, jede erdenkliche Frage, die man mir stellen könnte, in Gedanken zu beantworten, um optimal vorbereitet zu sein. In Wahrheit ist das natürlich eine Illusion, denn ich kann unmöglich alle Fragen antizipieren, die man mir stellen könnte.

Nun muss ich mir spontan ein neues Konzept zurechtlegen. Ich muss mir meine täuschenden Aussagen gut merken und darauf achten, dass meine neuen Antworten zu dem zuvor Gesagten passen. Gleichzeitig muss ich mir meine aktuelle Abweichung merken, damit ich meine Lüge in künftigen Reaktionen lebendig halten kann. Ziemlich viel verlangt von jemandem, der stark unter Stress steht!

Noch schwieriger als das Vorausplanen meiner mentalen Reaktionen ist die Steuerung meines emotionalen Verhaltens. Wie sehr ich mich auch anstrenge, es ist äußerst schwierig, meine Empfindungen in einem bestimmten Moment korrekt einzuschätzen. Noch komplizierter wird die Sache, weil ich meine emotionalen *und* kognitiven Reaktionen kontrollieren und gleichzeitig im Lot halten muss, damit meine Täuschung unerkannt bleibt.

> **Der Täuscher führt andere aus Furcht vor Bestrafung in die Irre, weil er auf eine Belohnung aus ist oder weil ihn die Situation allgemein ängstigt.**

Doch es gibt noch andere Punkte, die mich beunruhigen und mein Verhalten beeinflussen, während ich lüge. Eine Hauptsorge, die mich beschäftigt, ist: Was geschieht, wenn andere von meiner Lüge erfahren? Erinnern Sie sich an die eingangs genannten Gründe, warum Menschen sich zur Lüge entschließen? Der Täuscher führt andere aus Furcht vor Bestrafung in die Irre, weil er auf eine Belohnung aus ist oder weil ihn die Situation allgemein ängstigt. Hinzu kommt seine Sorge um die Konsequenzen seiner Lüge und die „Vergeltung", die ihn erwartet. Ein vertracktes Szenario, nicht wahr? Kein Wunder, dass der Lügner mit der gleichzeitigen Kontrolle so vieler mentaler und emotionaler Reaktionen überfordert und von einem aufmerksamen Beobachter leicht zu überführen ist.

> **Die sieben Schlüssel zum Erkennen von Täuschungen sind: beständiges Verhalten, Verhaltensänderungen, Verhaltensgeflechte, grundsätzlich negatives Reagieren, vorgefasste Meinungen, Beeinflussung und Gegenchecken.**

Eine weitere mögliche Komplikation ergibt sich aus der Einstellung, die ich zu mir selbst als Lügner habe. Je nach Situation und Person, die sie belügen, plagt Lügner ein schlechtes Gewissen, das Schuldgefühle erzeugt. Kaum jemand, der sich zur Lüge entschließt, ist gänzlich frei von Schuld- oder Reuegefühlen. Schuld oder Reue können Signale zu den vier Kommunikationskanälen beisteuern, die das Aufdecken von Unehrlichkeit wahrscheinlicher machen.

Einige Menschen empfinden echte Freude oder Genuss am Lügen – für sie wurde der Begriff „duping delight"[3] („Spaß am Schwindeln") kreiert. Für diese Menschen ist das Täuschungsmanöver ein Spiel, und sie wähnen sich als Gewinner, wenn sie meinen, ihr Gegenüber kaufe ihnen die Lüge ab. Dem Spaß-Lügner fällt es oft schwer, seine Euphorie zu verbergen, so wie es anderen schwer fällt, ihre Schuldgefühle zu verbergen. Diese nicht im Zaum gehaltenen Emotionen bedingen, dass Körpersprache, Stimmqualität, sprachliche Inhalte oder Mikroexpressionen seine Lüge preisgeben.

Die Unterscheidung von Lüge und Wahrheit ist vor allem aus zwei Gründen schwierig. Erstens ist das menschliche Kommunikationsverhalten eine äußerst komplexe und zuweilen verwirrende Angelegenheit. Zweitens wird unsere Fähigkeit zu seiner korrekten Analyse durch persönliche Voreingenommenheit, Missverständnisse und vorgefasste Meinungen massiv untergraben. Zur Überwindung dieser Hürden müssen wir Vorsichtsmaßnahmen in unseren Analyseversuchen ergreifen, die das Risiko einer Fehleinschätzung unserer Kommunikationspartner und ihrer Ehrlichkeit minimieren. Nichts ist schlimmer, als jemanden zu Unrecht der Lüge zu bezichtigen; gleichzeitig möchten Sie natürlich nicht, dass man Sie belügt.

Damit Ihnen diese schwer wiegenden Fehler nicht unterlaufen, werden wir bestimmte Grundregeln formulieren, die Sie bei Ihren Verhaltensanalysen beachten sollten. Es handelt sich um sieben leicht zu merkende Schlüssel, die Ihnen helfen zu erkennen, ob Ihr Gesprächspartner unter Stress steht und Sie ihn besonders genau beobachten und vor einer

Lüge auf der Hut sein sollten. Nutzen Sie die Schlüssel für eine Verbesserung Ihrer Kommunikationsfähigkeiten und Beziehungen!

Schlüssel 1:
Beständiges Verhalten

Sie müssen wissen, wie das beständige – normale – Verhalten einer Person aussieht, bevor Sie andere signifikante Verhaltensweisen identifizieren können.

Als Diagnosewerkzeuge zum Aufdecken von Täuschungen ziehen Sie solche Hinweise heran, die eine Abweichung von dem normalerweise für die Person typischen emotionalen oder mentalen Zustand indizieren. Ihre einzige Handhabe zur Identifizierung dieser wichtigen Abweichungen im Verhalten Ihrer Mitmenschen ist die zutreffende Einschätzung, wie ihr beständiges Verhalten aussieht.

Ich selbst bin seit jeher beruflich viel auf Reisen, verbringe im Jahr bis zu 180 Nächte im Hotel. Damit die Kommunikation mit meiner Familie nie abreißt, telefonieren wir fast täglich miteinander. Ich habe daher eine Art „siebten Sinn" für die Stimme meiner Frau entwickelt.

Allein die Qualität ihrer Stimme verrät mir viel darüber, wie ihr Tag verlaufen ist. Am Klang oder Tempo ihrer Stimme erkenne ich sofort, ob sie müde ist oder kurz vor einer Grippe steht oder ob eine meiner Töchter etwas angestellt hat. *Was* sie zu mir sagt, steckt ebenfalls voller Hinweise: „Du ahnst nicht, was sich *deine* Kinder heute haben einfallen lassen!"

> **Je vertrauter Ihnen die beständigen – normalen – Kommunikationsmuster sind, desto besser erkennen Sie, wann die Person unter Stress steht, ausweicht oder lügt.**

Das Beständige der Person dient Ihnen als Bewertungsbasis, der Sie Ihre nachfolgende Analyse sowohl der authentischen als auch der täuschenden Kommunikationsmuster zugrunde legen. Die Identifizierung dieser Konstante funktioniert auf verschiedenen Wegen. Wenn Ihnen die beobachtete Person vertraut ist, genügt es, Ihre früheren Erfahrungen mit ihr Revue passieren zu lassen. Rufen Sie sich Situationen vor Augen, in denen Sie die Person wütend, frustriert, unter Stress, euphorisch oder in einem anderen emotionalen Zustand erlebt haben. Wie klingt dann ihre Stimme? Wie würden Sie ihre Tonlage beschreiben? Ändert sie die Lautstärke, mit der sie spricht? Gestikuliert sie viel? Formuliert sie klar und knapp? Oder neigt sie zum Stammeln, zu ausschweifenden oder abgebrochenen Sätzen? Wie steht es mit ihrer Mimik – ist diese überzogen oder eher versteinert? Das sind typische Merkmale, auf die Sie achten sollten.

Nehmen wir an, die beobachtete Person ist Ihnen nicht vertraut. Vielleicht haben Sie sie gerade erst kennen gelernt oder bisher nur sehr wenig Kontakt zu ihr gehabt. Wie gehen Sie in diesem Fall vor? Die erste Frage, die Sie sich stellen sollten: Wie viel Zeit bin ich bereit zu investieren, um das Beständige dieser Person zu identifizieren? Um die Glaubwürdigkeit einer Person richtig einordnen und fundierte Entscheidungen treffen zu können, müssen Sie bereit sein, Zeit zu opfern. Versuchen Sie, die Person in eine Unterhaltung über triviale Themen zu verstricken oder solche, die mit dem, was Sie eigentlich interessiert, nichts zu tun haben. Reden Sie über Familie, Sport, Wetter oder Kino. Noch besser ist es, Sie bringen die Person dazu, über sich selbst zu sprechen – ein ihr vertrautes Thema, bei dem sie hoffentlich ihre Deckung aufgibt. Außerdem erhalten Sie auf diese Weise etwas Hintergrundwissen über die Person und ihren Charakter. Zuzuhören, wie jemand über sich selbst redet und was andere seinem Wunsch nach über ihn wissen sollen, gibt viel über einen Menschen preis. Wie sie Erfolge, Niederlagen, Hobbys, ihre Familie, Freunde oder Geschäftspartner beschreibt, lässt interessante Schlussfolgerungen über die Person zu. Ohnehin ist es für die Genauigkeit Ihrer Diagnose besser, Sie verlassen sich aufs Zuhören und Beobachten und bleiben selbst eher schweigsam.

Wie identifizieren Sie das Beständige von Politikern, Filmstars, Sportgrößen, Geschäftsmoguln oder anderen öffentlichen Personen, auf die Sie keinen direkten Zugriff besitzen? Die Interviews, die diese Personen der Presse geben, liefern Ihnen genügend Stoff. Sie müssen nicht mehr tun, als sich bequem im Sessel zurückzulehnen, zu beobachten, zuzuhören, Ihre Konzentration zu fokussieren. Je höher die Bekanntheit der Person, desto eher porträtiert die Presse sie in verschiedenen Situationen und über desto mehr Stoff verfügen Sie, aus dem Sie eine Konstante herleiten können. Lassen Sie sich nicht von inszeniertem Material wie Werbesendungen, Wahlpropaganda, Kinofilmen, offiziellen Reden etc. blenden. Ihre Einschätzung wird genauer, wenn Sie die Person in Situationen beobachten, in denen sie sich spontaner verhält, etwa bei Pressekonferenzen, Interviews im Fernsehen, in Nachrichtensendungen oder Talkshows. Egal wie exzellent vorbereitet und „gebrieft" die öffentliche Person ist, verlassen Sie sich darauf: Trotzdem wird sie Täuschungssignale aussenden, die Sie dann zu deuten in der Lage sind. Überfordern Sie sich nicht, indem Sie sich vornehmen, alle Symptome und Zeichen der Täuschung in dem Moment, in dem sie passieren, zu registrieren – das schafft niemand. Es geht nur darum, genügend Symptome zu erkennen, um ein fundiertes und korrektes Urteil über die Glaubwürdigkeit der Person fällen zu können.

Schlüssel 2:
Verhaltensänderungen

Auf Änderungen im beständigen Verhalten der Person achten: ein neues Verhalten oder ein Verhalten, das plötzlich aufhört oder sich signifikant verändert.

Sobald Sie glauben, die Konstante der beobachteten Person erkannt zu haben, fangen Sie an, auf Veränderungen in ihrem beständigen Verhalten zu achten. Der durch Täuschungsmanöver erzeugte Stress bedingt in der Regel eine von drei Veränderungen: Ein neues, zuvor nicht beobachtetes Verhalten taucht auf; ein bekanntes Verhalten endet, oder – die dritte Möglichkeit – es verändert sich signifikant.

Ein Beispiel zur Verdeutlichung: Sie analysieren einen Politiker, der eine Pressekonferenz über den Bau eines neuen Autobahnabschnitts gibt. Fragen zu Kosten, Zeitraum der Fertigstellung und Anzahl der durch das ehrgeizige Projekt geschaffenen Arbeitsplätze hat er souverän und artikuliert beantwortet. Nun will ein Journalist von ihm wissen, ob der Bau teilweise durch Gelder aus der staatlichen Rentenkasse finanziert werde, was der Politiker, so hatte er im Wahlkampf geschworen, nie zulassen wollte. Auf die Frage antwortet er etwa so: „Nun ja, ich … Ich weiß, dass es sich hierbei um eine heftig diskutierte Frage handelt und viele Leute das glauben … Ich persönlich stand immer auf der Seite des einfachen Arbeitnehmers,

Signifikante Verhaltensänderungen finden in einem bestimmten Zeitrahmen statt.

um dessen Schutz es uns vornehmlich geht. Dieses Projekt wird … hmm, es war längst überfällig, wissen Sie. Wir sind heute in einer besseren Position als vor eineinhalb Jahren. Renten hin oder her … um Investitionen in die Zukunft kommen wir nun mal nicht herum." Merken Sie, wie abrupt der Politiker sein Kommunikationsverhalten geändert hat?

Auf einem der Videobänder, die ich in meinen Seminaren über Interview- und Befragungstechniken verwende, ist ein junger Krimineller zu sehen, der ständig eine Hand erhoben hält oder seinen Mund mit ihr bedeckt. Dieses Verhalten, das bei anderen Individuen sehr oft für eine Täuschung spricht, zeigt er auch, wenn er die Wahrheit sagt – außer in Situationen, in denen er bestimmte Schlüsselfragen beantworten muss. Beispielsweise antwortet er auf die Frage, wieso sein Bruder und er speziell diesen Drugstore ausgeraubt haben, das sei reiner Zufall gewesen. In dem Moment legt er seine Hand über Nase und Augen – eine Abkehr von seinem normalen Verhalten, ein neues Symptom. Sekunden später gesteht der junge Dieb in Beantwortung einer anderen Frage, sie hätten den Drugstore eigens ausgekundschaftet, um hier ihren Raub zu begehen.

Vielleicht haben Sie eine kleine Tochter, die beim Sprechen viel gestikuliert – „mit den Händen redet", wie es so treffend heißt. Als Sie sie fragen, wie wohl die Vase auf dem Tisch umgefallen sei und das Blumenwasser Flecken auf dem Holz hinterlassen habe, verschränkt sie die Hände hinter dem Rücken und erklärt, die Katze sei auf der Jagd nach einer Fliege auf die Tischplatte gesprungen und habe die Vase umgestoßen. Ihre Tochter hat ihr Kommunikationsverhalten geändert. Raten Sie mal, wer die Vase tatsächlich umgestoßen hat!

Diese Verhaltensänderungen geschehen nicht aus dem Nichts heraus – sie haben einen Auslöser, einen Stimulus. Dieser Stimulus kann eine Frage sein, die der beobachteten Person gestellt wird, eine Beobachtung, die sie gemacht hat, ein Gefühl oder Gedanke, den sie gern mitteilen möchte etc. Die Reaktion der Person tritt zwischen drei und fünf Sekunden nach dem Stimulus ein. Ein kurzer Zeitrahmen, der es desto dringender macht, dass Sie all Ihre Aufmerksamkeit auf das verbale und nonverbale Verhalten der Person richten. Eine Sekunde Ablenkung genügt – und schon kann Ihnen etwas Wichtiges entgehen, das die Person zu einer spontanen Verhaltensänderung veranlasst hat.

Ein bei der Beobachtung von Täuschungsmanövern häufig begangener Fehler besteht darin, die Reaktion auf den falschen Stimulus – die falsche Frage – als „Beweis" für eine Täuschung zu nehmen. Sie mögen Zeuge einer Täuschung gewesen sein, wenn Sie gerade beobachtet haben, wie Ihr Angestellter seinen Mund bedeckte, sich von Ihnen weglehnte, die Schultern hochzog und Ihre Frage, ob er das fällige Angebot rechtzeitig losgeschickt habe, mit Ja beantwortete. Das heißt nicht, dass er sie anlog, als Sie ihn vor zwei Minuten nach dem Betrag fragten, den er Ihnen für Überstunden in Rechnung gestellt hat. Sie müssen Ihre Analyse auf eine spezifische Reaktion beschränken, statt das gesamte Verhalten der Person auf Grundlage einer einzigen Antwort oder Reaktion abzuurteilen. Welche spezifische Frage haben Sie gestellt, bevor Ihnen die Reaktion der Person auffiel? Welcher Stimulus war ausschlaggebend? Begrenzen Sie Ihre Analyse auf diesen spezifischen Stimulus.

Sie erinnern sich an die Feststellung aus dem letzten Kapitel, dass all unsere Reaktionen auf die Umwelt auf einer emotionalen und einer mentalen Ebene stattfinden. Mit den Jahren haben wir uns einen Katalog von Verhaltensweisen angeeignet, die typisch für uns sind. Ob wir glücklich sind, traurig, frustriert, verärgert oder entspannt – unsere emotionalen Zustände gehen mit bestimmten Verhaltensweisen einher. Genauso haben wir viele Jahre damit verbracht, die Kommunikation mit unseren Mitmenschen zu üben und ein feines Gleichgewicht zu finden, um unsere Gefühle und Ideen auszudrücken. Wir sprachen bereits über das perfekt eingespielte Streichquartett unserer Kommunikationskanäle. Unsere Kommunikation ist immer dann am besten, wenn alle Mitglieder des Quartetts das gleiche Musikstück mit denselben Emotionen, derselben Geschwindigkeit und in der richtigen Lautstärke spielen – auf harmonische Weise miteinander verschmelzen. Durch Täuschung entsteht Disharmonie, und der Gesamteindruck leidet.

Mein Partner und ich recherchierten einmal im Auftrag einer Bank nach dem Verbleib einer fehlenden Geldsumme. Nur eine kleine Anzahl von Leuten hatte Zugang zu dem Geld und hätte es theoretisch an sich nehmen können. Unsere Befragung hatte den Kreis der Verdächtigen auf zwei eingegrenzt. Hintergrund war, dass der ältere der beiden Männer den jüngeren angeheuert hatte, ihm bei der Wiederinbesitznahme eines Wagens zu helfen, dessen Besitzer mit den Ratenzahlungen in Rückstand geraten war. Die Männer wollten den Wagenbesitzer stellen, um die säumige Zahlung nach Möglichkeit an Ort und Stelle in Empfang zu nehmen. Sollte das nicht gelingen, würde einer von ihnen beiden das finanzierte Fahrzeug, der andere ihr Privatauto zurück zur Bank fahren. Erfreulicherweise gab ihnen der Schuldner das Geld und durfte sein Auto behalten. Als der ältere Mann das Bargeld am nächsten Morgen bei der Bank abliefern wollte, fehlte die Hälfte.

Wir begannen mit der Befragung des älteren Mannes. Wir sprachen über seine Arbeit für die Bank und diskutierten seine finanzielle Situation, speziell ob er finanzielle Probleme hatte. Mir fiel nichts Besonderes auf. Dann bat ich ihn, den Nachmittag, an dem er und sein Kollege das Geld in Empfang genommen hatten, Stück für Stück mit mir durchzugehen. Ich kam an einen Punkt, an dem ich ihn unverhohlen fragte, ob er das Geld gestohlen habe. Ohne zu zögern, antwortete er: „Nein." Ich fragte ihn, ob er wisse, wer das Geld gestohlen habe, und er antwortete: „Nein." Bei beiden

> **Halten Sie Ausschau nach signifikanten und prompten Veränderungen im verbalen oder nonverbalen Verhalten der Person.**

Antworten erkannte ich keine Anzeichen von Unehrlichkeit. Es frustrierte mich, dass ich einfach nicht dahinter kam, was ich übersah. Verzweifelt fragte ich ihn: „Nun, was im Himmel ist dann mit dem Geld passiert? Haben Sie es etwa verloren?" Der Gesichtsausdruck des Mannes änderte sich auf der Stelle dramatisch, ebenso seine Körpersprache: Eben noch aufrecht im Stuhl sitzend, sackte er jetzt in sich zusammen. Die Veränderung war nicht nur dramatisch – sie war auch die Reaktion auf einen Stimulus, eine spezifische Frage von mir. „Haben Sie es etwa verloren?", hatte ich ihn angefahren, und weil mir die prompte und dramatische Veränderung seiner Konstante nicht entging, setzte ich meine Befragung in dieser Richtung fort. Der ältere Mann glaubte tatsächlich, er hätte das Geld verloren. Wie wir in der späteren Befragung des jüngeres Mannes herausfanden, hatte dieser es dem Älteren aus der Tasche geklaut.

Der Grund, warum Abweichungen im beständigen Verhalten einer Person anzeigen, dass etwas nicht stimmt, ist der, dass der Täuscher gezwungen ist, gleichzeitig mit mehreren Gedankengängen und emotionalen Reaktionen zu „jonglieren", was ihn enorme Konzentration kostet. Eine gute Lüge verlangt eine Mischung aus Wahrheit und Unwahrheit. Und je größer das Lügengebäude, desto schwieriger ist es, sich an all seine Bestandteile zu erinnern. Wir müssen darauf achten, dass die neue Lüge die eingeschlagene Route fortsetzt und bei Bedarf weitergesponnen werden kann. Obendrein müssen wir unsere emotionalen Reaktionen mit unserem verbalen Output synchronisieren, was ebenfalls ein beträchtliches Maß an Kontrolle und Beherrschung verlangt. All diese Dinge auf die Reihe zu bekommen ist eine echte Leistung, und oftmals scheitern wir bei dem Versuch. Das Ergebnis sind Reaktionen, in denen es vor Anzeichen für Täuschungen nur so wimmelt.

Die Diskrepanz zwischen Ratio und Emotion kann zu signifikanten Verhaltensänderungen führen, nach denen Sie bei der Beobachtung der Kommunikationsmuster der Person Ausschau halten sollten. Die Abweichungen von der Verhaltenskonstante werfen ein Schlaglicht auf den Bereich, in dem Sie vermutlich getäuscht werden sollen.

Schlüssel 3: Verhaltensgeflechte

Die menschliche Kommunikation beruht auf einer komplexen Interaktion zahlreicher verbaler und nonverbaler Verhaltensweisen, von denen jede eine Reaktion auf interne oder externe Stimuli darstellt.

Gäbe es eine einzige Verhaltensweise, anhand derer wir ohne jeden Zweifel erkennen könnten, ob man uns die Wahrheit oder Unwahrheit sagt, käme kaum jemand mehr ungestraft mit einer Lüge davon. Leider ist dem nicht so. Dazu ist die menschliche Kommunikation viel zu komplex, und diese Komplexität verdankt sie zu einem wesentlichen Teil der Tatsache, dass wir alle über ureigene Verhaltensrepertoires in der Kommunikation mit anderen Menschen verfügen. Diese Verhaltensweisen werden durch unsere je nach Situation unterschiedlichen Empfindungen ausgelöst. Eine Rolle

> **Ein Verhaltensgeflecht ist von größerer Relevanz als eine einzelne willkürliche Verhaltensweise.**

spielt auch, ob wir mit einem Mitglied der vertrauten, persönlichen, sozialen oder öffentlichen Gruppe interagieren. Außerdem gibt es Gebärden und Zeichen, die wir immer dann benutzen, wenn wir bestimmte Ansichten oder Ideen vortragen. Eine andere Person in der gleichen Situation würde vermutlich vollkommen andere, für sie typische Verhaltensweisen und Gebärden an den Tag legen. Diese individuellen Unterschiede sollten unbedingt berücksichtigt werden.

Ein Beispiel: Ein Mann sitzt in der Abflughalle eines Flughafens und weint. Welche Gründe könnte sein Weinen haben? Vielleicht fliegt er zum Begräbnis eines kürzlich verstorbenen Verwandten und weint aus Trauer. Vielleicht sitzt sein Sohn gerade in einem Flugzeug, das ihn als Soldat in ein Krisengebiet bringt, und der Mann fürchtet um das Leben seines Sohnes. Seine Tränen könnten auch Freudentränen sein: Seine Tochter und sein Schwiegersohn kehren nach zwei Jahren Auslandsaufenthalt heim, und gleich wird er sein Enkelkind zum ersten Mal sehen. Oder seine Frau kommt geheilt von einer Therapie zurück, und seine Tränen sind Tränen der Dankbarkeit. Natürlich gibt es auch profanere Gründe. Vor kurzem wurde ein neuer Teppichboden in der Abflughalle verlegt, und der Teppichkleber riecht sehr stark. Vielleicht ist der Mann gegen den Klebstoff allergisch. Er könnte eine Augenoperation hinter sich haben, und das helle Licht tut seinen nun empfindlichen Augen weh. All das sind plausible Gründe, warum ein Mann im Flughafen sitzt und weint.

Mit diesem Beispiel im Hinterkopf bedenken Sie, welche Fehler unterlaufen können, will man die Ehrlichkeit einer Person an einer isolierten Verhaltensweise festmachen. Die Symptome, die ich zeige, wenn ich jemanden zu täuschen versuche, sind genauso individuell und einzigartig wie meine übrigen Verhaltensweisen. Wenn Sie ein bestimmtes nonverbales Verhalten für ein todsicheres Täuschungssignal halten, warten Sie womöglich während unserer gesamten Interaktion vergeblich auf dieses spezielle Verhalten, während zahlreiche andere nonverbale und verbale Hinweise, dass ich Sie die ganze Zeit belüge, Ihrer Aufmerksamkeit entgehen.

Kommen wir zu einer weiteren Komplikation, die auftreten kann. Angenommen Sie haben ein Symptom identifiziert, das Sie generell als verlässliches Zeichen für eine Täuschung beurteilen. Prompt zeige ich dieses Symptom während unserer Interaktion. Hierbei könnte es sich um puren Zufall handeln, der mit einer Täuschungsabsicht nicht das Geringste zu tun hat. Denkbar wäre, dass Sie jemanden zu Unrecht der Lüge bezichtigen. Welchen Schaden fügen Sie damit der Beziehung zu, die Sie zu der beschuldigten Person hatten? Inwiefern leidet Ihr Vertrauen in Ihre Menschenkenntnis? Trauen Sie sich in Zukunft noch zu, Täuschungsmanöver zu erkennen? Machen Sie nicht den Fehler, die Ehrlichkeit einer Person anhand einer einzelnen Verhaltensweise feststellen zu wollen, denn es gibt kein isoliertes verbales oder nonverbales Verhalten, das als zweifelsfreier Beweis für Lüge oder Wahrheit gewertet werden kann.

> **Die Beweislast, dass gelogen wurde, liegt allein beim Beobachter. Der Sprecher muss seine Unschuld nicht beweisen.**

Ein praktisches Beispiel, das diese wichtigen Schlüssel illustriert: Ein Streifenpolizist winkt einen Autofahrer aus dem Verkehr, den er des alkoholisierten Fahrens verdächtigt. Diesen Verdacht muss er anhand von diversen Tests verifizieren. Erst nach diesen Tests kann der Polizist sicher sein, dass der Autofahrer tatsächlich alkoholisiert war. Würde er aussagen, auf einen Alkoholkonsum geschlossen zu haben, nur weil der Fahrer sehr langsam fuhr oder für einen Moment auf die Gegenfahrbahn geriet, wäre das nicht genug.

Bei Ihren Beobachtungen verbalen und nonverbalen Verhaltens sollten Sie Ihre Entscheidung über den Wahrheitsgehalt dessen, was jemand sagt, nicht auf eine einzelne Verhaltensweise stützen.

In Ihren Beobachtungen verbalen und nonverbalen Verhaltens sollten Sie Ihre Entscheidung über den Wahrheitsgehalt dessen, was jemand sagt, nicht auf eine einzelne Verhaltensweise stützen. Das verbieten die Komplexität und der individuelle Charakter menschlichen Verhaltens. Was für den einen typisch ist, mag für den anderen noch lange nicht typisch sein. Umgekehrt gibt es Symptome, die für mehrere Individuen Relevanz besitzen. Nichts im menschlichen Verhalten ist absolut oder exakt. Später werden wir näher auf die Signifikanz individueller Verhaltensweisen eingehen und jene herausgreifen, die in Täuschungssituationen besonders häufig zu beobachten sind. Keine dieser Verhaltensweisen spricht hundertprozentig für eine Lüge, genau wie ihr Fehlen nicht heißen muss, dass jemand ehrlich ist. Treten zwei, drei oder mehr dieser Symptome gemeinsam auf, kann jedoch nur äußerst selten von einem Zufall ausgegangen werden.

Zur Demonstration der Bedeutung von Verhaltensgeflechten verwenden wir wieder unser Beispiel von dem Streifenpolizisten und dem Autofahrer. Wir haben festgestellt, dass der Polizist seinen Verdacht anhand von Tests verifizieren muss. Würde er vor Gericht aussagen, dass er allein daraus, dass der Autofahrer einmal kurz von der Fahrbahn abgewichen und langsamer als der Durchschnitt der Autofahrer gefahren ist – zwei isolierte Verhaltensweisen –, auf eine Alkoholisierung des Fahrers geschlossen habe, würde man ihn vermutlich auslachen. Stattdessen muss der Polizist Verhaltensgeflechte als Indiz für den Alkoholkonsum des Fahrers anführen können. Nach Alkohol riechender Atem, Lallen, Bierdosen oder eine offene Schnapsflasche, Torkeln und die Unfähigkeit, auf einer geraden Linie zu gehen – die Summe all dieser Dinge spricht dafür, dass der Polizist mit seinem Verdacht richtig liegt. Ergänzend könnte der Polizist den Richter informieren, dass der Fahrer nicht wusste, in welcher Stadt er sich befand, um 3 Uhr morgens seine Scheinwerfer ausgeschaltet hatte und in einer Tempo-30 km/h-Zone 60 Stundenkilometer gefahren war. Die Berücksichtigung all dieser Faktoren veranlasste den Polizisten, den Fahrer des Alkoholkonsums zu verdächtigen. Als dieser ins Röhrchen blies, wurde bei ihm ein Blutalkoholgehalt von 1,9 Promille gemessen. Ähnlich ist unsere Definition von Verhaltensgeflechten. Ein isoliertes Symptom allein reicht nicht aus, um auf eine Täuschung zu schließen, während die Anhäufung mehrerer Symptome eine Täuschung äußerst wahrscheinlich macht.

Schlüssel 4:
Grundsätzlich negatives Reagieren

Eine grundsätzliche Negativreaktion auf ein bestimmtes Thema kann ein signifikanter Indikator für Täuschungen sein.

Wir haben festgestellt, dass Sie zum Erkennen von Täuschungen auf Änderungen im normalen oder beständigen Verhalten einer Person achten sollten. Wie wir später sehen werden, sind nicht alle diese Änderungen ein untrügliches Zeichen, dass man Sie belügt, sondern treten lediglich auf, weil Ihr Gesprächspartner unter Stress steht. Die Abweichungen, die mit einer Täuschung zu tun haben, resultieren aus einem Konflikt zwischen den Emotionen, die ich wirklich empfinde, und solchen, die zu empfinden ich lediglich vorgebe. Solange ich diesen Konflikt nicht bewältige, meine Botschaften und meine inneren Gefühle zu einem bestimmten Thema nicht in Einklang bringe, reagiere ich grundsätzlich negativ, wenn ich auf das Reizthema angesprochen werde. Bei anderen Themen, die unwichtig für mich sind, habe ich dieses Problem nicht.

Sie wissen bereits, dass es eine einzelne Verhaltensweise als Beweis für die Ehrlichkeit oder Unehrlichkeit einer Person nicht gibt und Sie daher Ihr Augenmerk auf Verhaltensgeflechte richten sollten. Besitzt das diskutierte Thema tatsächliche Relevanz für den Sprecher und ist dieser weiterhin zur Tarnung seiner Lüge gezwungen, wird er auf jedes neue Anschneiden des Themas eine negative Reaktion zeigen, die nicht immer gleich ausfallen muss. Halten Sie Ausschau nach einem Verhaltensgeflecht,

> **Sie bemerken nicht jedes Mal die gleichen Änderungen, nur dass es Änderungen gibt und diese in Gruppen oder Geflechten auftreten.**

das grundsätzlich zu beobachten ist, wann immer das Thema zur Sprache kommt. Auf diese Weise schließen Sie aus, dass es sich um zufällige Verhaltensweisen handelt. Allerdings lässt die Intensität der Reaktion auf ein Reizthema mit der Zeit nach.

Nehmen wir an, in Ihrer Firma ist eine Position vakant und Sie sollen den geeigneten Kandidaten für ihre Neubesetzung finden. Der Job erfordert neben anderen Qualifikationen ein hohes Maß an Erfahrung. Während Sie einen Kandidaten mit viel versprechenden Bewerbungsunterlagen interviewen, fällt Ihnen auf, dass dieser jedes Mal, wenn Sie ihn auf seine Berufserfahrung ansprechen, ausweicht, herumdruckst und signifikante Änderungen in seiner Körpersprache zeigt. Dieses Verhaltensgeflecht legt nahe, dass der Bewerber Ihnen nicht die ganze Wahrheit sagt. Möglicherweise hat er seine Angaben „geschönt" und besitzt kaum oder keine Erfahrung für die Position, für die er eingestellt werden soll.

Signifikante Änderungen im Verhalten einer Person sind ein Signal, ihr in einem spezifischen Bereich gründlicher auf den Zahn zu fühlen. Grundsätzlich negatives Reagieren auf bestimmte Themen sollte Sie anhalten, nachzuhaken und nähere Details in Erfahrung zu bringen. Kehren Sie zwischendurch immer wieder zu dem Thema zurück, das eine Gruppe von Abweichungen im beständigen Verhalten der Person auszulösen scheint, um festzustellen, ob es sich um eine grundsätzliche, bei jedem Anschneiden des Themas auftretende Reaktion handelt. Vergessen Sie nicht: Sie müssen nicht jedes Mal die gleichen Änderungen bemerken, nur dass es Änderungen gibt und diese in Gruppen oder Geflechten auftreten.

Schlüssel 5:
Vorgefasste Meinungen

Begegnen Sie Ihrem Gesprächspartner offen und unvoreingenommen. Auf vorgefassten Meinungen und Fehlannahmen fußende Beobachtungen sind unzuverlässig.

Ich habe in diesem Buch immer wieder betont, dass wir in der Regel nur sehr schlecht in der Lage sind, Täuschungsmanöver zu identifizieren. Ich habe auch zu erklären versucht, warum das so ist. Eine Ursache ist beispielsweise, dass wir die falschen Verhaltensweisen für zuverlässige Hinweise auf eine Täuschung halten. Ich habe davor gewarnt, wie riskant es ist, Täuschungen an einzelnen Verhaltensweisen festmachen zu wollen, da es kein isoliertes Verhalten gibt, das durch die Bank bei allen Menschen als Hinweis auf Ehrlichkeit oder Unehrlichkeit taugt. Zusätzlich erschwert wird das Erkennen von Täuschungsmanövern durch vorgefasste Meinungen beziehungsweise Vorurteile.

Die Genauigkeit Ihrer Analyse, ob jemand ehrlich oder unehrlich ist, hängt davon ab, wie gut Sie in der Lage sind, sich von Ihrer vorgefassten Meinung bezüglich der Ehrlichkeit der Person zu trennen und ihr unvoreingenommen zu begegnen. Gehen Sie bereits zu Beginn Ihrer Analyse davon aus, dass die Person Sie wahrscheinlich anlügen wird, werden Sie nur solche Symptome bemerken, die Ihren Verdacht bestätigen – unabhängig davon, ob die Person tatsächlich Anzeichen für eine Täuschung zeigt oder nicht. Wie oft passiert es, dass wir Entschlüsse fassen und uns im Nachhinein eine Argumentation zurechtbasteln, die diesen Entschluss als einzig vernünftige Lösung zeigen soll?

Beispielsweise kann es sein, dass ich sämtliche Einwohner einer Stadt für furchtbare Autofahrer halte – vollkommen rücksichtslos, eine Gefahr für sich und andere. Sie fahren grundsätzlich schneller als erlaubt und sind notorische Drängler – die Lichthupe ist ihr liebstes Spielzeug. Wann immer mir ein Volltrottel hinterm Steuer begegnet, muss ich nicht erst das Nummernschild sehen, um zu wissen, woher er kommt!

Woher beziehe ich die Nahrung für meine negative Meinung über die Fahrqualitäten der Einwohner dieser Stadt? Meine vorgefasste Meinung selektiert meine Beobachtungen – ständig liege ich auf der Lauer nach Vorfällen, die meine negative Erwartungshaltung bestätigen. Es ist höchst unwahrscheinlich, dass jeder einzelne Einwohner dieser Stadt ein miserabler Autofahrer ist, doch indem ich ausschließlich das sehe, was ich sehen will – nämlich Beispiele, die meine vorgefasste Meinung bestärken –, verschaffe ich mir diesen Eindruck. Mein Hang zu vorgefassten Meinungen hat meine Beobachtungsgabe geschwächt und mich zu einem falschen Urteil veranlasst. Wenn Sie herausfinden

wollen, ob jemand Sie anlügt, sollten Sie sich vor vorgefassten Meinungen hüten und unter allen Umständen objektiv
bleiben – erst recht wenn persönliche Beziehungen auf dem
Spiel stehen.

Kann man sich etwas Schlimmeres vorstellen, als die
Wahrheit zu sagen, und niemand glaubt einem? Wie muss
sich ein Ehepartner oder Teenager fühlen, der der Lüge beschuldigt wird, obwohl er die Wahrheit sagt? Wie gestört ist
eine Beziehung, die auf Misstrauen aufbaut statt auf Vertrauen und gegenseitigem Respekt? Die Person, die zu den
wichtigsten in Ihrem Leben gehört, wird Ihnen kaum noch
Vertrauen schenken, ihre Träume und Hoffnungen nicht
mehr mit Ihnen teilen und Sie nicht mehr um Rat bitten, sobald sie den Eindruck hat, sich in der Interaktion mit Ihnen
permanent verteidigen zu müssen.

Vorgefasste Meinungen können Sie umgekehrt auch an-
fällig für Täuschungen machen. Wenn Sie der festen Meinung sind, der wahnsinnig gut aussehende Kollege, den Sie
beim letzten Betriebsausflug kennen gelernt haben, käme
nie auf die Idee, Sie anzuschwindeln, programmieren Sie
sich gewissermaßen zum Opfer, weil Sie blind sind für
eventuelle Täuschungsmanöver. Das heißt nicht, dass Sie
alle Klatschgeschichten, die man Ihnen über den Kollegen
zuträgt, für bare Münze nehmen sollten! Wenn Sie die in
diesem Buch vermittelten Methoden anwenden, werden Sie
erkennen können, wann eine Geschichte ausgeschmückt
oder überzogen ist. Prüfen Sie gleichzeitig, ob Sie offenkundige Täuschungssymptome bewusst übersehen, weil Sie
nicht möchten, dass die Gerüchte stimmen. Glauben Sie
seine Lügen, um nicht denen Recht zu geben, die Sie vor
ihm gewarnt haben? Indem Sie sich davon überzeugen, dass
die anderen lügen, überzeugen Sie sich im Umkehrschluss,
dass Ihr charmanter Lügner die Wahrheit sagt. Natürlich
dürfen Sie nicht denken, dass jeder danach strebt, Sie zu be-

lügen. Andererseits sind Sie hoffentlich nicht so naiv zu denken, jeder würde die Wahrheit sagen. Lernen Sie, richtig zu entschlüsseln, wie Menschen mit Ihnen kommunizieren, und sich bewusster zu machen, wie Sie umgekehrt mit Ihrer Umwelt kommunizieren.

Vermutlich fragen Sie sich jetzt, wie Sie sich künftig vor vorgefassten Meinungen schützen können? Haben Sie das beständige Verhalten der Person identifiziert, bevor Sie ein Urteil über ihre Ehrlichkeit fällten? Beobachteten Sie Verhaltensgeflechte, die auf eine Täuschung schließen lassen? Grundsätzlich negatives Reagieren auf ein bestimmtes Thema? Haben Sie die beobachteten Verhaltensänderungen als zuverlässige Täuschungshinweise identifiziert? Wie wichtig diese Fragen sind, erläutert der Abschnitt „Gegenchecken".

Schlüssel 6:
Beeinflussung

Sie sind ein Stimulus. Manche Ihrer Verhaltensweisen beeinflussen das Verhalten und die Reaktionen Ihres Gesprächspartners in einer Weise, die sich auf die Genauigkeit Ihrer Beobachtungen auswirkt.

An früherer Stelle habe ich gesagt, dass die für Sie als Beobachter relevanten Verhaltensweisen jene sind, die in einem bestimmten Zeitrahmen stattfinden, denn Ihr Gesprächspartner reagiert grundsätzlich auf den letzten Stimulus, dem er ausgesetzt war. Ihre Aufgabe ist es, den Grund zu finden, warum er so und nicht anders reagiert hat. Da Sie die Quelle des Stimulus sind, übt Ihr Verhalten einen unmittelbaren Einfluss auf die beobachtete Situation aus.

Sie glauben nicht, dass Sie fähig sind, alle Details Ihres Verhaltens und Ihrer Wirkung auf andere Menschen rund um die Uhr zu kontrollieren? Hier einige Tipps, wie Sie optimale Ausgangsbedingungen schaffen: Erstens sollten Sie Unterhaltungen mit Ihnen nahe stehenden Personen oder Fremden, die Sie der Lüge verdächtigen, in einer Umgebung führen, die frei von Hektik und Ablenkung ist. Auch wenn Sie angespannt sind und eine Menge auf dem Spiel steht, versuchen Sie, ruhig und entspannt zu bleiben. Vermeiden Sie es, das Aupairmädchen, dem Sie Ihre Kinder anvertrauen möchten, in Ihrem Büro zu interviewen, wo ständig das Telefon klingelt und Ihr Chef Sie jeden Moment unterbrechen kann. Ebenso wenig sollten Sie Ihren halbwüchsigen Sohn zur Rede stellen, weil Geld in Ihrem Portemonnaie fehlt, wenn Sie in 15 Minuten einen Arzttermin haben, Ihre Schwiegereltern gleich vor der Tür stehen oder im Fernsehen Ihre Lieblingssendung läuft. Planen Sie solche Unterredungen in einer Atmosphäre der Ruhe und Entspanntheit. Ihre Beobachtungsgabe und Ihre Analysefähigkeit profitieren nur, wenn Sie nicht unter Zeitdruck stehen und nicht abgelenkt sind.

Vergessen Sie während Ihrer Unterredung nicht, dass Ihr Gegenüber Ihre Verhaltensweisen genauso zu lesen und zu deuten versucht, wie Sie das umgekehrt tun. Kenne ich die beobachtete Person schon länger, kann ich davon ausgehen, dass diese mein beständiges Verhalten recht gut einzuschätzen weiß. Die Art und Weise, wie sie auf mich reagiert, ist durch unsere gemeinsame Geschichte gefärbt. Fragen Sie sich dann, ob ihre Reaktion eher mit Ihrem Verhalten zu tun hat als mit dem Gesprächsthema. Manchmal sind einer Person unser Verhalten und unsere Reaktionen viel wichtiger als die Themen oder Inhalte des Gesprächs.

Das Verhalten, das die andere Person mir entgegenbringt, kann eine direkte Reaktion auf mein Verhalten sein. Verhalte ich mich aggressiv, herablassend oder desinteressiert, reflektiert die Reaktion meines Gegenübers meine Haltung und die Art, wie ich mit ihm kommuniziere. Die folgende Geschichte ist ein gutes Beispiel für „kontaminierte" oder verfälschte Reaktionen.

Vor ein paar Jahren erhielt meine Frau in einem Kaufhaus eine Probe eines Parfums, das ihr sehr gut gefiel. Ich beschloss, sie mit einem Flakon des teuren Dufts zu überraschen.

Wenige Monate später stellte sie bei einem zufälligen Blick auf den Flakon verwundert fest, dass er halb leer war. Offenbar hatte sich jemand an ihrem Parfum zu schaffen gemacht! Ihr fiel auf, dass eine unserer Katzen stark nach Parfum roch. Da meine Frau wohl kaum selbst ihr kostbares Parfum auf die Katze verschwendet hatte, gerieten unsere Töchter unter Verdacht.

Als meine Frau sie nach dem Verbleib des Parfums befragte, bestritten beide heftig, etwas darüber zu wissen. Meine Frau insistierte, eine von ihnen sage die Unwahrheit. Aufgebracht und keine Fortschritte bei der Wahrheitsfindung erzielend, drohte meine Frau, wenn keine von ihnen die Tat gestehe, würden beide bestraft, weil sie ihre Mutter angelogen hatten. Kurz darauf legte meine jüngere Tochter ein Geständnis ab. Sie wurde zu zwei Wochen Zimmerarrest ohne Fernsehen verurteilt.

Ein paar Tage nach dem „Verhör" erkannte meine Frau an einer beiläufigen Bemerkung unserer älteren Tochter, dass sie das falsche Mädchen bestraft hatte. Sie stellte die ältere Tochter zur Rede, die prompt zugab, die Katze mit Parfum eingestäubt zu haben. Auf die Frage, warum sie die Schuld auf sich genommen habe, antwortete unsere jüngere Tochter: „Hausarrest ist viel besser als eine Tracht Prügel!" Befragt, wie sie zulassen konnte, dass ihre Schwester zu Unrecht bestraft wurde, meinte unsere ältere Tochter: „Wenn sie so blöd ist, die Sache zuzugeben, obwohl sie es nicht war, ist das ihre Schuld!"

Stimulus für die Reaktionen meiner Töchter war nicht die Frage, wer für den Parfumraub verantwortlich war, sondern die Androhung meiner Frau, egal ob schuldig oder nicht, würden beide bestraft. Die Reaktionen unserer Töchter waren beeinflusst durch die zur Wahrheitsfindung gewählten Methode.

Schlüssel 7:
Gegenchecken

Bevor Sie zu einer Schlussfolgerung kommen, sollten Sie Ihre Beobachtungen überprüfen und Ihre Informationen gegenchecken.

Sie kennen nun die Gefahren und negativen Konsequenzen, die Sie zu tragen haben, wenn Sie die Ehrlichkeit einer Person falsch beurteilen. Ich habe Sie mit den sieben Schlüsseln zum Erkennen von Lügen vertraut gemacht, die das Risiko falscher Beurteilungen minimieren. Letztlich liegt es jedoch an Ihnen zu entscheiden, wann Sie einer Person glauben und wann nicht. Vertrauen Sie einerseits auf Ihre Fähigkeit zur Identifizierung von Anzeichen für eine Täuschung und zum Erkennen einer Lüge. Andererseits sollten Sie Ihre Pflicht tun und sich vergewissern, dass Sie zu der richtigen Schlussfolgerung gekommen sind.

Vor ein paar Jahren kontaktierte mich der Vater eines vermissten Mädchens über die zuständige Polizeibehörde. Der Teenager war seit drei Jahren verschwunden. Der verzweifelte Vater tat alles, um sein Kind zu finden. Er engagierte Privatdetektive und konsultierte sogar Hellseher. Vor kurzem war er von einem jungen Mann angeschrieben worden, der wegen Mordes im Gefängnis saß und behauptete, den Aufenthaltsort des Mädchens zu kennen. Er bat die Polizei um Hilfe, die ihn an mich verwies.

Nachdem ich mir die Fakten über das Verschwinden des Mädchens angesehen hatte, fuhr ich ins Gefängnis und interviewte zwei Tage lang den jungen Mann, der angeblich etwas über ihren Verbleib wusste. Er wusste ein paar allgemeine Dinge über die Vermisste und konnte ihr Aussehen detailliert beschreiben. Er behauptete, das Mädchen mehrfach gesehen und einmal nach einer Verletzung gepflegt zu haben. Ihre Geiselnehmer hielten sie in einem bestimmten Teil des Landes fest, und wenn ich ihn aus dem Gefängnis holte, würde er mich zu ihr führen.

Die Verzweiflung des Vaters war herzzerreißend, und ich empfand Mitleid mit ihm. Er verlangte die Freilassung des Mannes, damit er uns zu seiner Tochter führen könnte. Ich selbst war alles andere als sicher, dass der Inhaftierte die Wahrheit sagte. So konkret er einige meiner Fragen beantwortet hatte, reagierte er auf der anderen Seite mit Ausflüchten und Täuschungssymptomen, sobald ich genauere Einzelheiten über das Mädchen, ihr Versteck, ihren Zustand und ihre Geiselnehmer wissen wollte. Ich hielt den Mann für einen Lügner, der in Wirklichkeit keine Ahnung hatte, wo das Mädchen sich aufhielt, doch der Vater und andere in den Fall verwickelte Personen waren vom Wahrheitsgehalt seiner Aussage überzeugt. Ich war der Einzige, der ihm nicht glaubte.

Ich begann die Richtigkeit meiner Analyse zu hinterfragen. Hatte ich etwas übersehen? Ich hatte den Mann zwei Tage lang von Angesicht zu Angesicht gesprochen und zweimal mit ihm telefoniert. Ich war mir sicher, einen guten Eindruck von seinem beständigen Verhalten zu haben, denn wir hatten zwischendurch auch über allgemeine Themen geredet. Im Geiste ging ich erneut die Bereiche durch, in denen ich Anzeichen für eine Täuschung an ihm beobachtet hatte. Er wich grundsätzlich aus, wenn ich genauer wissen wollte, wann er das Mädchen gesehen, wie er sie gepflegt hatte, wo sie sich momentan aufhielt und in wessen Gewalt. Seine Reaktionen waren durchgängig und prompt.

Warum glaubte ich ihm nicht? Hatte ich etwa Vorurteile, weil er im Gefängnis saß? Sosehr ich dem Vater helfen wollte, sein Kind zu finden, konnte ich ihm doch nicht sagen, was er am liebsten hören wollte. Ich hatte alles sorgfältig gegengecheckt und glaubte an die Richtigkeit meiner Analyse.

Einige Monate später sollte in einer Sondersendung über den Fall berichtet werden. Alle an der Suche Beteiligten, auch der Mann im Gefängnis, wurden interviewt. Wieder war ich der Einzige, der die Geschichte des Mannes anzweifelte, und machte mich dadurch unbeliebt. Eine Woche vor Drehbeginn wurde das Mädchen viele Kilometer von ihrer Heimatstadt entfernt von der Polizei aufgegriffen. Sie erzählte den Ermittlern, dass sie vor drei Jahren von zu Hause weggelaufen sei. Sie hatte keine Verletzung gehabt, den Inhaftierten nie gesehen und sich nie in dem von ihm beschriebenen Teil des Landes aufgehalten.

> **Unterziehen Sie Ihre Schlussfolgerungen einer kritischen Prüfung. Wo Beziehungen auf dem Spiel stehen, hat Schlampigkeit keinen Platz.**

In der gleichen Woche erfuhr ich, dass der junge Mann die ganze Zeit einen bestimmten Plan verfolgt hatte. Während seiner vorgetäuschten Suche nach dem Mädchen wollte er fliehen. Er hatte sie auf einem Vermisstenplakat gesehen, sich ihre wichtigsten Kennzeichen gemerkt und die restlichen Informationen ihrem nichts ahnenden Vater entlockt.

Meine Schlussfolgerung war also richtig gewesen, aber ich hatte mich vergewissern müssen. Zu viel hatte auf dem

Spiel gestanden, als dass ich mir einen Fehler hätte leisten können. Ich musste meine Analyse gegenchecken, um sicher zu sein, dass ich trotz des auf mich ausgeübten Drucks alle Regeln eingehalten hatte.

Bevor Sie Ihr endgültiges Urteil fällen, ob jemand ehrlich zu Ihnen ist oder nicht, müssen Sie Ihre in der Unterhaltung gemachten Beobachtungen kritisch überprüfen. Wenn Sie Zweifel an der Richtigkeit der erhaltenen Informationen hegen, sollten Sie Ihre Entscheidung aufschieben. Bitten Sie um Zeit zum Nachdenken oder vertagen Sie die Unterhaltung auf einen späteren Zeitpunkt. Nach der Unterhaltung machen Sie sich sofort Notizen über das, was gesagt wurde und was Sie beobachtet haben.

Erstens: Haben Sie das Beständige an der Person identifiziert? Kennen Sie sie lange genug oder haben Sie sie lange genug in stressfreiem Rahmen beobachtet, um ihr normales, nicht stressmotiviertes Verhalten einschätzen zu können?

Zweitens: Welche grundsätzlichen und in angemessenem Zeitrahmen auftretenden Verhaltensänderungen haben Sie notiert? „Bauchgefühle" allein taugen nicht zum Erkennen von Täuschungsmanövern. Wichtig sind als Reaktion auf einen Stimulus grundsätzlich auftretende Verhaltensgeflechte, die von der Konstante der Person abweichen. Wenn Sie diese Verhaltensweisen präzise beschreiben und Anzeichen für eine Täuschung darin erkennen können, dürfte Ihre Analyse ins Schwarze treffen.

Drittens: Gab es von Ihrer Seite Verhaltensweisen oder Handlungen, die das Verhalten der beobachteten Person beeinflusst haben könnten? Hegen Sie irgendwelche vorgefassten Meinungen, die Ihre Objektivität trüben? Vergessen Sie nicht: Das Verhalten einer Person reflektiert immer auch, wie Sie dieser Person begegnen. Nichts zerstört die Beziehungen zwischen Menschen mehr als ein nicht legitimierter Mangel an Vertrauen.

Viertens: Könnte dies eine Situation sein, in der Ihnen jemand die Wahrheit sagt, aber Angst hat, dass Sie ihm nicht glauben? Sind Sie ohne Grund argwöhnisch? Ist die Sache, um die es geht, wichtig genug, um Ihre Beziehung zu der anderen Person aufs Spiel zu setzen? Gibt es Leute, die Ihnen helfen können, die erhaltenen Informationen zu verifizieren? Falls Sie planen, die Person einzustellen oder ihr ein Produkt abzukaufen, sollten Sie selbstverständlich vorher Referenzen einholen und sich nach den Erfahrungen anderer Arbeitgeber oder Kunden umhören.

Fünftens: Könnte es sich um eine Situation handeln, in der Sie geneigt sind, dem Lügner seine Lüge abzukaufen? So seltsam es klingt: Manchmal ist es akzeptabler, eine Lüge zu glauben, als die Wahrheit zu hören. Möglicherweise möchten Sie nicht wahrhaben, dass die Person Sie belügt. Die Wahrheit finden Sie verwirrend, beunruhigend, enttäuschend, schwer zu verkraften. Der wahre Test ist in dem Fall nicht, ob Sie hinter die Wahrheit gekommen sind, sondern ob Sie mit ihr leben können beziehungsweise wollen. Auch hier müssen Sie entscheiden, wie wichtig die Sache für Sie und Ihr Leben ist. Wenn Sie das nicht genau wissen und die Angelegenheit nicht ernst ist, rate ich, grundsätzlich zugunsten des Angeklagten zu entscheiden. Seien Sie bereit, Ihre Informationen gegenzuchecken und Ihre Schlussfolgerungen einer kritischen Prüfung zu unterziehen. Wo Beziehungen auf dem Spiel stehen, haben Schlampigkeit und voreilige Schlüsse keinen Platz. Hinterfragen Sie die Motive, die Sie bei der Beurteilung der Ehrlichkeit der Person geleitet haben. Gehen Sie mental jeden Schritt des Analyseprozesses erneut durch, um festzustellen, ob Sie etwas übersehen haben. Sobald Sie der Person gegenüber geäußert haben, dass Sie sie der Unehrlichkeit verdächtigen, ist die Anschuldigung nicht mehr rückgängig, der Schaden kaum noch gutzumachen.

Verbale Kommunikation

Von allen Signalen und Botschaften, die wir übermitteln, wenn wir mit jemandem kommunizieren, liefert die Stimme nur etwa 20 Prozent. Diese 20 Prozent enthalten allerdings hoch konzentrierte Informationen. Deshalb und weil wir uns bewusst sind, dass der Zuhörer seine Aufmerksamkeit primär auf

> **Die wenigen verbalen Zeichen, die wir generieren, sind sehr ergiebig für das Aufdecken von Stress und Täuschung.**

das Gesagte richtet, bemühen wir uns sehr um eine Kontrolle der über die Stimme transportierten Signale. Wir alle kennen Sprichwörter wie „Reden ist Silber, Schweigen ist Gold" oder das modernere „Gehirn einschalten, bevor Mundwerk in Betrieb gesetzt wird". Ich bin der Erste, der hört, was ich sage, und ich bin mir bewusst, dass mein Zuhörer meine Äußerungen sorgfältig analysiert. Weil das für uns alle gilt, redigieren wir ständig unsere Äußerungen und machen uns Gedanken, wie die Botschaft vom Zuhörer aufgenommen und interpretiert wird. Ist sie von Lüge und Täuschung infiltriert, muss sie so übermittelt werden, dass der Empfänger den Schwindel nicht bemerkt und sie trotzdem glaubt. Zur selben Zeit bemühen wir uns um eine Unterdrückung verbaler Anzeichen, die ausdrücken, dass wir unter Stress ste-

> **Es gibt drei Kategorien verbaler Kommunikation: Stimmqualität, Klarheit der Äußerung und sprachlicher Inhalt.**

hen – auch das aus Angst, unsere Täuschung könnte auffliegen. Aufgrund unserer strengen Kontrolle schaffen wir es, relativ wenige verbale Anzeichen für eine Täuschung zu generieren.

Das folgende Kapitel über verbale Kommunikation beschreibt, was passiert, wenn unsere Kontrollmechanismen für die verbalen Signale von Stress und Täuschung versagen. Tatsache ist nämlich, dass wir nur wenige verbale Anzeichen für eine Täuschung generieren, diese wenigen Zeichen dafür aber von extremer Wichtigkeit sind.

Unsere Diskussion der verbalen Kommunikation ist in drei Kategorien gegliedert: Stimmqualität, Klarheit der Äußerung und sprachlicher Inhalt. Wenn wir verstehen, wie diese Faktoren sowohl unabhängig voneinander als auch im Zusammenspiel funktionieren, gewinnen wir wertvolle Einsichten in die emotionalen und kognitiven Strukturen der beobachteten Person.

Stimmqualität

Die Stimmqualität setzt sich aus drei Faktoren zusammen: Tonlage, Lautstärke und Sprechtempo. Stress oder Anspannung bewirken in der Regel eine Veränderung von mindestens einem dieser drei Faktoren. Diese Veränderung ist nicht gleichbedeutend mit einem Täuschungsversuch – sie bedeutet zunächst nur, dass die Person unter Stress steht.

Generell sollten wir uns stets daran erinnern, dass, wann immer jemand sich zu einer Äußerung entschließt, es sich um eine Reaktion auf einen externen Stimulus handelt. Es gibt immer einen Grund, wenn jemand das Wort ergreift. Die Person empfindet eine mentale und/oder emotionale Verbindung zum Diskussionsgegenstand.

> **Veränderungen der Stimmqualität zeigen zunächst nur an, dass die Person unter Stress steht.**

Die Worte, die sie sagt (sprachlicher Inhalt), drücken aus, wie sie auf kognitiver oder mentaler Ebene mit dem Thema umgeht beziehungsweise es anpacken möchte. Bisweilen und in geringerem Ausmaß verraten ihre Worte auch etwas über die emotionale Wirkung, die das Thema auf sie hat. Anders formuliert: Aus der Stimmqualität kann auf Art und Intensität der mentalen Reaktion und manchmal auch der emotionalen Reaktion des Sprechers auf ein Thema geschlossen werden.

Tonlage

Abweichungen von der etablierten Konstante der Stimme einer Person bieten Hinweise darauf, wie intensiv und ob positiv oder negativ die betreffende Person auf einen Stimulus reagiert. Das Umschalten in eine höhere Tonlage ist meist durch heftige Reaktionen wie Erregung, Ärger, Frustration oder auch das Bedürfnis nach stärkerer Beachtung motiviert. Schlägt sie eine tiefere Tonlage an, signalisiert das eine Distanzierung von dem diskutierten Thema, Niedergeschlagenheit oder die Weigerung, die Wichtigkeit des Themas nach außen sichtbar einzugestehen.

In jedem beliebigen Zeichentrickfilm sprechen die Figuren mit hoher, piepsiger Stimme, wenn sie beachtet werden wollen oder etwas sie aus der Fassung gebracht hat. Sportkommentatoren greifen in besonders spannenden Spielsituationen oder wenn eines der Teams einen Treffer erzielt hat instinktiv zu einer höheren Tonlage. Beachten Sie umgekehrt den tiefen, gesetzten Tonfall des Sprechers einer Nachrichtensendung, der über eine Naturkatastrophe oder den Tod eines Staatsmanns informiert.

Lautstärke

> **Das verbale Verhalten ist leichter zu kontrollieren als die Körpersprache.**

Eine Veränderung der Lautstärke der Stimme ist ein Spiegel der inneren Verfassung des Sprechers während der Interaktion. Eine laute Stimme wird generell mit Erregung, Angst oder Wut assoziiert. Im Zusammenhang mit Täuschungsmanövern kann eine lauter werdende Stimme die Zornreaktion, die wir später noch diskutieren werden, ankündigen oder die wachsende Frustration einer ehrlichen Person indizieren, die das Gefühl hat, man glaube ihr nicht. Außerdem sollten Sie sich vergewissen, dass Sie die Unterhaltung nicht beeinflussen, falls Ihr Gesprächspartner seine Lautstärke erhöht.

Der Grund, warum jemand leiser spricht, ist fast immer der, von einem Thema abzulenken. Denkbar ist auch, dass die Person sich traurig oder deprimiert fühlt. Eine weniger laute Stimme kann auch Zeichen für einen Rückzug sein. Haben Sie Ihren Sohn je gefragt, wie es in der Schule läuft, ob er seine Hausaufgaben fertig oder für die Biologieprüfung gelernt hat? Ist Ihnen dabei unter anderem aufgefallen, dass seine Stimme leiser, irgendwie weicher wurde, vielleicht sogar in ein Nuscheln überging? Dann ist es höchste Zeit, Näheres über seine schulischen Leistungen in Erfahrung zu bringen! Ein weiteres Beispiel: Sie fragen Ihre Vorgesetzte, ob sie sich schon entschieden hat, wer die Beförderung bekommen soll. Eine sanfte, dezent klingende Stimme legt nahe, dass ihre Entscheidung bereits feststeht, sie nur noch nicht den Mut gefunden hat, Ihnen mitzuteilen, dass Sie nicht der Glückliche sind. Angenommen, Sie suchen in einer persönlichen Angelegenheit den Rat eines Freundes. Zusammen mit anderen verbalen und nonverbalen Merkmalen lässt seine leise Stimme darauf schließen, dass es ihm unangenehm ist, etwas so Privates mit Ihnen zu besprechen, oder ihn das Thema nicht genügend interessiert, um es ausgerechnet jetzt zu erörtern.

Sprechtempo

Veränderungen des Sprechtempos einer Person geben uns nicht nur Einblicke in ihre emotionale Befindlichkeit, sondern auch in einige der sich abspielenden kognitiven Prozesse. Das Sprechtempo oder die Sprechgeschwindigkeit meint die Zahl der in einem bestimmten Zeitraum gesprochenen Worte. Ein deutlicher Anstieg der pro Minute gesprochenen Worte etwa kann bedeuten, dass die Person wütend oder erregt ist, während ein langsameres Sprechtempo Traurigkeit, Desinteresse oder Schwierigkeiten, über ein bestimmtes Thema zu reden, suggeriert.

Beachten Sie, wie schnell ein Kind plappert, das unbedingt mitteilen möchte, was auf seinem Weihnachtswunschzettel steht. Oder wie rasant Ihnen der Gewinner einer Gameshow von seinem Hauptpreis, einem funkelnagelneuen Wagen, erzählt. Beim Überbringen unangenehmer oder aufrüttelnder Nachrichten sinkt das Sprechtempo dagegen drastisch.

Die Sprechgeschwindigkeit ändert sich auch mit der kognitiven Reaktion des Sprechers. Es ist nicht ungewöhnlich, dass die Zahl der Worte pro Minute ansteigt, wenn etwas gesagt wird, das zuvor geprobt oder auswendig gelernt wurde. Die Tochter, die bei der ersten Spritztour nach bestandener Führerscheinprüfung eine Beule in Vaters Wagen fährt, übt auf dem Heimweg mehrmals die Geschichte, die sie ihren Eltern erzählen wird. Diese Story ist zwar nicht unbedingt eine Lüge, aber mit Sicherheit so formuliert, dass die Standpauke möglichst harmlos ausfällt.

Spricht eine Person erkennbar langsamer als normal, wägt sie jedes Wort gründlich ab. Vielleicht haben Sie ihr eine Frage gestellt, mit der sie nicht gerechnet hatte und auf die sie nicht vorbereitet ist. Jetzt hat sie das Gefühl, sich ihre Antwort äußerst genau überlegen zu müssen.

Rekapitulieren wir kurz, was wir über Veränderungen der Stimmqualität gelernt haben. Tonlage und Lautstärke können steigen oder fallen, das Sprechtempo kann sich ändern. Vergessen Sie nicht, dass keines dieser Zeichen für sich allein genommen etwas über die Ehrlichkeit oder Unehrlichkeit einer Person aussagt. Diese Veränderungen machen Sie lediglich darauf aufmerksam, dass eine Veränderung der emotionalen Reaktion auf das diskutierte Thema stattgefunden hat, die Sie als Ausgangspunkt für Ihren weiteren Umgang mit der Person benutzen sollten.

> **Sprachliche Fehlfunktionen beobachtet man wesentlich häufiger bei Leuten, die ein Täuschungsmanöver vorhaben, als bei jenen, die nichts Unehrliches im Schilde führen.**

Möchte ich die beobachteten Zeichen für meine Einschätzung, ob jemand mich belügt oder nicht, heranziehen, muss ich die verschiedenen Faktoren der Stimmqualität mit anderen verbalen und nonverbalen Zeichen vergleichen. Kollidieren diese Zeichen miteinander oder senden sie widersprüchliche Botschaften aus, ist die Wahrscheinlichkeit hoch, dass die Person tatsächlich nicht ehrlich hinsichtlich ihrer wahren Gefühle oder der übermittelten Botschaft ist. Sagt eine betrogene Ehefrau zu ihrem Filmpartner auf der Leinwand mit kreischend hoher Stimme: „Du siehst, wie ruhig ich bleibe", steht dieses verbale Signal in direktem Widerspruch zum Inhalt des Gesagten. Sollten Sie eine Veränderung der Stimmqualität notieren und die Stimmqualität nicht mit dem sprachlichen Inhalt zusammenpassen, ist die Wahrscheinlichkeit hoch, dass man Sie zu belügen versucht.

Klarheit der Äußerung

Bedenken Sie, wie viele Dinge jemand im Kopf behalten muss, der eine Lüge plant und nicht entdeckt werden will. Erstens muss er wissen, was die Wahrheit ist. Zweitens muss er sich die Lügen merken, die er zu einem früheren Zeitpunkt erzählt hat. Drittens muss er dafür sorgen, dass die neue Story zu seinen früheren Lügen passt. Schließlich muss er die neue Lüge so gestalten, dass sie leicht zu erinnern ist, falls er in Zukunft zu weiteren Lügen greifen muss. All diese Kopfarbeit muss der Lügner nicht nur schnell und unter dem Stress der Situation leisten – er muss darüber hinaus auch sämtliche verbalen und nonverbalen Signale unter Verschluss halten, die seine Täuschung preisgeben würden. Gelingt es ihm nicht, diesen mentalen Drahtseilakt zu meistern, zeigt sich seine Unfähigkeit häufig in der mangelnden Klarheit seiner Äußerung. Diese verbalen Unfälle oder Fauxpas tragen den Sammelbegriff „sprachliche Fehlfunktionen".

Sprachliche Fehlfunktionen

Sprachliche Fehlfunktionen beobachtet man wesentlich häufiger bei Leuten, die ein Täuschungsmanöver vorhaben, als bei jenen, die nichts Unehrliches im Schilde führen. Wie bei allen bisher diskutierten Symptomen gilt auch hier: Nicht jede sprachliche Fehlfunktion ist gleichbedeutend mit einem Täuschungsversuch. Manche Fehler unterlaufen einfach, weil die Person unter Stress steht. Trotzdem kann das Auftreten von sprachlichen Fehlfunktionen darauf hinweisen, dass die Person in diesem Moment eine Gelegenheit zur Täuschung wittert, weshalb Sie besondere Wachsamkeit walten lassen sollten. Während Sie die Klarheit ihrer Äußerungen abschätzen, sollten Sie gleichzeitig allen anderen verbalen und nonverbalen Zeichen Aufmerksamkeit schenken. Erinnern Sie sich: Sie halten nach Verhaltensgeflechten Ausschau, nicht nach einzelnen Verhaltensweisen.

Stottern, Stammeln, Nuscheln

Die meisten Formen sprachlicher Fehlfunktionen wie Stottern, Stammeln oder Nuscheln sind uns wohl vertraut, wobei mit Stottern und Stammeln keine krankhaften Sprachstörungen gemeint sind. Zum Stottern kommt es, wenn jemand versucht, zu schnell zu sprechen, und sich dabei verhaspelt, während jemand, der zum Reden ansetzt, ohne vorher definitiv entschieden oder sich zurechtgelegt zu haben, was er eigentlich sagen möchte, als Resultat seiner Unentschlossenheit oftmals zu stammeln anfängt. Eine nicht zu Ende überlegte Aussage endet häufig in Nuscheln oder undeutlichem Sprechen, denn die Person möchte ihre Antwort hinauszögern, bis sie ihre Gedanken geordnet hat. Auch dies sind meistens nur Zeichen, dass jemand unter Stress steht. Sie weisen nicht zwingend auf einen Täuschungsversuch hin.

> **Typische Fülllaute wie „ähm" oder „hmm" sind nicht unbedingt Indizien für eine Täuschung.**

Pausen

Wann und wie ein Sprecher seine Pausen setzt, ist in jedem Fall aufschlussreich. Pausen können ein Zeichen sein, dass er Zeit zu schinden versucht, weil seine Antworten noch nicht fertig vorbereitet sind. Manchen Beobachtern zufolge lassen Personen, die eine Lüge planen, mehr Zeit zwischen dem Ende einer Frage und dem Beginn ihrer Antwort verstreichen und ihre Aussagen beinhalten insgesamt mehr

Pausen. Eine objektive Beurteilung der Pausenlänge fällt unterdessen schwer, da jeder Mensch eine subjektive Meinung davon hat, was eine kurze und was eine lange Pause darstellt. Außerdem müsste auch hier das normale oder beständige Pausenmuster, das für die Person üblich ist, solange sie nicht unter Stress steht und nicht schwindelt, beobachtet und zum Vergleich herangezogen werden. Allerdings können Sie bei längeren oder häufigeren Pausen mit ziemlicher Sicherheit davon ausgehen, dass Ihr Gesprächspartner ausweicht, bewusst vage bleibt oder eine Täuschung zumindest erwägt.

Fülllaute

Typische Fülllaute wie „ähm" oder „hmm" sind nicht unbedingt Indizien für eine Täuschung, sondern einfache Silben, die in eine Aussage eingeflochten werden, um Zeit zum Nachdenken zu gewinnen. Sie haben meist keine besondere Bedeutung. Personen ohne große verbale Fähigkeiten scheinen häufigeren Gebrauch von ihnen zu machen als eloquente Redner.

Nervöses Lachen

Nervöses Lachen wirkt als Stressventil und kaschiert gleichzeitig, wie angespannt wir in einer Situation sind. Man braucht nur das „Balzgehabe" Pubertierender zu beobachten. Erinnern Sie sich, als Sie ein kichernder, giggelnder Teenager waren? Nervöses Lachen erfüllt im Wesentlichen die gleiche Funktion wie pfeifen oder mit sich selbst reden, wenn man im Dunkeln über einen Friedhof oder durch einen Wald geht. So wie das Pfeifen die Angst besänftigen hilft, übt das nervöse Lachen in stressintensiven oder unangenehmen Situationen eine beruhigende Wirkung aus.

Nervöses Lachen ist ferner eine Taktik, Zeit zu schinden, bevor man eine Frage beantwortet. Es gibt der Person ein bisschen mehr Zeit für die Formulierung einer sicheren, unverfänglichen Antwort. Man trifft häufig Menschen, die mit einem Lachen oder Kichern Zeit gewinnen möchten. Beispielsweise lacht jemand, bevor er zu einer Antwort auf eine Frage ansetzt. Ein nervöses Lachen kann entwaffnend wirken und eine angespannte Situation auflockern helfen. Es ist sehr leicht zu fingieren und kann daher als Ablenkung benutzt werden, damit mein Gegenüber nicht merkt, dass ich unter Stress stehe. In jedem Fall scheint nervöses Gelächter ein Hinweis zu sein, dass das diskutierte Thema heikel oder unangenehm für den Sprecher ist und dieser entweder eine Täuschung plant oder aber zumindest auszuweichen versucht.

Seufzen

Für das Seufzen gibt es generell zwei Interpretationsmöglichkeiten. Wiederholtes Seufzen während einer Unterhaltung legt nahe, dass die Person Selbstmitleid hat oder deprimiert ist. Das heißt nicht, dass sie im klinischen Sinne depressiv wäre und eine Therapie nötig hätte, sondern nur, dass es ihr lieber wäre, wenn sie sich aus der Situation zurückziehen könnte oder das Thema gewechselt würde. Lässt jemand, nachdem er Widerstand oder ein aggressives Verhalten gezeigt hat, einen einzelnen tiefen Seufzer hören, markiert er damit das Ende der emotionalen oder kognitiven Schlacht, die er innerlich ausgefochten hat. Er ist nun bereit, sich dem Standpunkt des Gegenübers zu „ergeben". In polizeilichen Ermittlungen kündigt dieses Seufzen das unmittelbare Bevorstehen eines Geständnisses an. Es wird als Einwilligung gedeutet: Die Person wehrt sich nicht länger gegen die Wahrheit oder die Realität ihrer gegenwärtigen Situation.

Unklare Gedankenführung

Sprachverhalten, das auf eine „unklare Gedankenführung" hinweist, wurde als zuverlässiges Signal für eine Täuschung festgestellt[4]. Es gibt mehrere Formen, wie sich eine unklare Gedankenführung manifestiert – Auslassen von Wörtern, verschluckte Silben oder Wörter, unvollständige Sätze, Wiederholungen, verbesserte Formulierungen, stockendes Sprechen und fehlender Zusammenhang.

Wenn jemand mit Ihnen spricht und Sie merken, dass in seinen Sätzen gelegentlich ein Wort fehlt, haben Sie es mit einem Beispiel für das Auslassen von Wörtern zu tun. Es entsteht fast der Eindruck, als würde die Person es vorziehen, das Wort nicht auszusprechen, oder als hege sie Zweifel an dem gewählten Wort. Ein Beispiel: „Nein, habe ich nicht, nachdem er gegangen war, weil ich es nicht hatte, nachdem wir gegangen waren."

Das Verbessern von Formulierungen hat einen ähnlichen Effekt, nur dass die Person hierbei keine Worte auslässt, sondern sich nach der Hälfte des Satzes eines Besseren besinnt und ein gewähltes Wort durch ein anderes ersetzt. Beispiele: „Ich brüllte sie an, na ja, vielleicht brüllte ich nicht, aber ich wurde sehr laut." „Ich berührte ihre, besser gesagt: ich streifte ihre Schulter." Häufig kommt es vor, dass Substantive, Verben oder Pronomen in der Mitte des Satzes ausgetauscht werden. „Wir, ich, ich habe es nicht getan." „Wir fuhren, haben sie nach Hause gefahren." „Er bat mich, befahl mir, es zu tun."

Das Verschlucken von Silben oder Wörtern klingt, als würde die Person in abgehacktem Stakkato sprechen. Die erste Silbe des Wortes wird betont, der Rest mehr oder weniger „verschleift". Der Grund kann sein, dass die Person vor jedem neuen Wort zögert, besonders überzeugend klingen oder bestimmte Wörter, auf die sie Ihre Aufmerksamkeit lenken will, betonen möchte. Beinahe spiegelbildlich hierzu verhält sich das stockende oder unrhythmische Sprechen. Die Person scheint sich zu beeilen, Teile ihrer Aussage loszuwerden, während ihr Sprechtempo bei anderen Teilen des Satzes merkbar langsamer wird. Der Zuhörer erhält den Eindruck, dass die Person kritische Stellen überspringen oder möglichst schnell hinter sich bringen möchte, um zu dem für sie angenehmeren Teil der Geschichte zu kommen. Das Resultat ist ein ungleichmäßiger, holperiger Redefluss.

Stress und Anspannung können die Fähigkeit einer klaren Gedankenführung auf verschiedene Weisen unterminieren. Ein häufig beobachtetes Problem ist die so genannte „gedankliche Fixierung". Haben Sie jemals ein Problem gehabt, das Sie so sehr beschäftigte, dass Sie sich auf nichts anderes mehr konzentrieren konnten? Ein Problem, das Sie, während Sie mit Ihrer Familie zu Abend aßen, unentwegt im Kopf wälzten, statt der Unterhaltung am Tisch zu folgen? In solchen Situationen neigt der Sprecher dazu, Schlüsselwörter oder -phrasen zu wiederholen. Zum Beispiel: „Wir, wir hörten an der Stelle niemals auf. Es war so, war so, dass ich, ich wollte nicht aufhören, nicht an der Stelle aufhören." Auch hier gilt: Es handelt sich um einen isolierten Hinweis, den Sie nicht als definitives Zeichen für eine Täuschung werten sollten. Achten Sie auf andere, über Stimmqualität und Körpersprache transportierte Zeichen, speziell solche, die sich als prompte Reaktion auf einen Stimulus zeigen.

Schließlich manifestiert sich eine unklare Gedankenführung in unvollständigen Sätzen und Sätzen, die in keinem direkten Zusammenhang zur gestellten Frage stehen. Wie oft haben Sie jemandem eine Frage gestellt und einen gestammelten, unvollständigen Satz als Antwort bekommen? Der Gefragte sortiert seine zahlreichen Gedanken, während er gleichzeitig fieberhaft überlegt, was er antworten soll.

Natürlich sind wir alle hin und wieder abgelenkt oder konfus, aber Sie sollten grundsätzlich auf der Hut sein vor Leuten, die eine direkte und leicht zu beantwortende Frage mit unvollständigen Sätzen beantworten.

Ähnlich skeptisch sollten Sie sein, wenn Sie jemanden etwas fragen und die Antwort der Person keinen Zusammenhang mit Ihrer Frage hat oder – schlimmer noch – sogar in sich zusammenhanglos oder unschlüssig ist. Sie können darauf wetten, dass diese Person unter enormem mentalen Stress steht. Die Entscheidung, was sie in Erwiderung Ihrer Frage sagen soll und was nicht, bereitet ihr größte Schwierigkeiten. Sie möchte nicht, dass Sie merken, wie sehr das diskutierte Thema sie emotional berührt, und versucht, ihre Antwort entsprechend zu redigieren. Ihre mentale Konfusion und Überforderung schlägt sich in der Antwort nieder.

> **Der sprachliche Inhalt stellt nur 7 Prozent der Kommunikation, doch diese 7 Prozent sind sehr aussagekräftig.**

Sprachlicher Inhalt

Von allen Kommunikationswerkzeugen, die mir zur Verfügung stehen, verkörpert der Inhalt dessen, was ich sage, mit 7 Prozent den geringsten Anteil. Diese 7 Prozent sind jedoch häufig der aussagekräftigste Teil der Botschaft, die ich nach außen projiziere. Meine Stimmqualität, die Klarheit meiner Äußerungen und andere nonverbale Verhaltensweisen übermitteln visuelle und mitunter auch akustische Informationen über meine emotionale Befindlichkeit, die ständig wechselt, während ich mich den Aufgaben meines Alltags stelle. So wie diese Faktoren Einblicke in die sich in meinem Innern abspielenden Emotionen liefern, ist der Inhalt meiner Aussage die Kodierung, die meine kognitiven Prozesse repräsentiert. Indem er diese Kodierung dechiffriert, gewinnt der Zuhörer Einsichten in die von mir auf mentaler Ebene verarbeiteten Gedanken und Ideen. Je nach Situation lassen sich bestimmte Muster sprachlicher Inhalte beobachten. An späterer Stelle werden wir die fünf Verhaltensweisen des Verhandelns, des Zorns, der Depression, der Verleugnung und der Einwilligung näher kennen lernen. Für den Augenblick soll die Feststellung genügen, dass der sprachliche Inhalt – die Worte, die jemand sagt – selbstverständlich ein bedeutender Bestandteil jeder Kommunikation ist.

Nonverbale Kommunikation

An früherer Stelle haben wir festgehalten, dass ein Sprecher sich bewusster auf seinen verbalen Output als auf sein nicht verbales Verhalten konzentriert. Folglich ist die Anzahl der nonverbalen Verhaltensweisen höher als die der verbalen. Schätzungen zufolge besteht menschliche Kommunikation zu zwei Dritteln aus nonverbalem oder körpersprachlichem Verhalten. Eine Menge visueller Information für einen Zuhörer, der zur selben Zeit auf das gesprochene Wort achten muss. Die gute Nachricht ist, dass es dem Zuhörer nicht an Material zur Beobachtung fehlt. Die schlechte Nachricht: Bei einem Großteil der uns begegnenden Körpersprache handelt es sich um nichts weiter als Stresssymptome, die fast nie Rückschlüsse zulassen, ob der Sprecher die Wahrheit sagt oder nicht.

> **Schätzungen zufolge besteht menschliche Kommunikation zu zwei Dritteln aus nonverbalem oder körpersprachlichem Verhalten.**

Für den Zuhörer ist es keine leichte Übung, sich auf der Suche nach signifikanten Verhaltensweisen für eine Täuschung durch den Wust an körpersprachlichem Material zu arbeiten. Körpersprachliche Signale, die auf eine Täuschung hinweisen, sind nicht nur relativ selten, sondern zudem in Stresssymptome eingebettet, die den Zuhörer blenden können. Damit ähnelt das Durchforsten der Masse an nicht verbaler Information dem Versuch, sich in einem Restaurant mit hohem Geräusch-

> **Fahnden Sie nach Zeichen, die anderen körpersprachlichen Äußerungen oder dem Gesagten zuwiderlaufen.**

pegel oder einer Bar mit lauter Live-Musik in Ruhe zu
unterhalten. Es fällt schwer, konzentriert und fokussiert zu
bleiben und dabei nichts von dem zu verpassen, was in der
Konversation gesagt wird. Durch die Lautstärke der simul-
tan generierten Verhaltensweisen wächst das Risiko, einige
der stillen nonverbalen Gesten zu übersehen oder falsch zu
interpretieren. Hinzu kommt, dass die meisten Menschen
keine große Begabung zur korrekten Identifikation und
Deutung der mit Täuschung assoziierten nonverbalen Verhaltensweisen zu besitzen scheinen. Einige der klassischen Signale, auf die viele sich zum Erkennen einer Lüge verlassen,
sind unzuverlässig und ungenau.

Die Masse an körpersprachlichem Material hat den Nach-
teil, dass es sehr mühsam und arbeitsintensiv ist, die signifikanten Zeichen herauszufiltern. In einem Forschungsprojekt
benötigten geschulte Beobachter 45 Minuten, um die Körpersprache der Akteure in einem zweiminütigen Videoband zu
deuten, während andere Beobachter für die Auswertung der
verbalen Äußerungen in demselben Band nur 15 Minuten
brauchten. Es ist daher durchaus denkbar, dass wir bis zum
Abschluss unserer Analyse aller nonverbalen Verhaltensweisen die wichtigsten Inhalte des Gesagten verpasst haben.

Kehren wir einen Augenblick zum positiven Aspekt von
Körpersprache zurück. Ungeachtet der Menge an Körpersprache, die wir während einer Unterhaltung produzieren, tun
wir meist sehr wenig, um diese zu filtern, zu redigieren oder
zu kontrollieren. Weil wir unseren körpersprachlichen im
Vergleich zu unseren verbalen Äußerungen so wenig Aufmerksamkeit schenken, verraten unsere nonverbalen Signale
ungleich mehr über das Maß an Stress, unter dem wir stehen,
sowie über unsere emotionale Reaktion und ihre Intensität.

Der größte Teil der durch Körpersprache übermittelten
Informationen hat mit der emotionalen Reaktion des Sprechers auf die aktuelle Situation beziehungsweise das disku-

tierte Thema zu tun. Um auf produktive Weise mit dem Sprecher zu kommunizieren, müssen wir als Zuhörer und Beobachter in der Lage sein, seine emotionalen und kognitiven Stressreaktionen zu identifizieren und korrekt zu beantworten.

Je besser Sie als Beobachter von Körpersprache wissen, worauf genau Sie achten sollten, desto wertvoller werden sich die empfangenen Informationen für Sie erweisen. Wenn Sie anhand der Körpersprache herausfinden wollen, ob jemand Sie belügt, sollten Sie nach Zeichen fahnden, die mit anderen körpersprachlichen Äußerungen in Missklang oder Konflikt stehen. Parallel hierzu richten Sie Ihr Augenmerk auf nicht verbale Äußerungen, die mit dem verbalen Output der Person kollidieren. Solche Unstimmigkeiten werden als Widersprüche bezeichnet. Widersprüche sind ein überaus wichtiger Anhaltspunkt beim Aufdecken von Täuschungsversuchen in der Interaktion mit einer anderen Person.

Um die Bedeutung nicht verbalen Verhaltens richtig einschätzen und interpretieren zu können, hilft es, sich vorzustellen, die verschiedenen Verhaltenssignale ähnelten den Anzeigen auf dem Armaturenbrett Ihres Wagens, an denen Sie Tankfüllung, Fahrgeschwindigkeit, Öldruck, Kilometerstand, Motordrehzahl oder die Uhrzeit ablesen können. Mit anderen Worten: Die Anzeigen informieren Sie durch eine visuelle Darstellung der mit bloßem Auge nicht sichtbaren mechanischen Abläufe über Funktionstüchtigkeit und Leistung Ihres Wagens. Sie teilen mit, sobald etwas nicht der Norm entspricht.

Vielleicht blicken Sie auf Ihren Tacho und sehen, dass Sie 55 Stundenkilometer fahren; Ihr Schaltknüppel befindet sich im dritten Gang, während Sie an einem Blick auf den Drehzahlmesser erkennen, dass Ihr Motor rund 6500 Umdrehungen/Minute absolviert. Wie bitte?! Da stimmt et-

> **Von allen körpersprachlichen Signalen sind wir uns der im Kopfbereich und in den angrenzenden Partien generierten bewusster als der Signale, die andere Körperregionen aussenden.**

was nicht! Im dritten Gang und bei einer Fahrgeschwindigkeit von 55 Stundenkilometer ist das eine viel zu hohe Umdrehungszahl! Ergänzend müsste es weitere eindeutige Anzeichen geben, dass mit dem Wagen etwas ernsthaft nicht in Ordnung ist – ein lautes Geräusch unter der Motorhaube etwa oder Qualm, der nach außen dringt. Die kombinierte Berücksichtigung der über die Anzeigen vermittelten Leistungswerte sowie der „Verhaltensweisen" des Wagens lässt auf ein schwer wiegendes mechanisches Problem schließen. Die Anzeigen sind nicht die Ursache des Problems. Sie repräsentieren nur, was sich – für das Auge unsichtbar – im Innern des Motorraums abspielt. Genauso ist es mit der Körpersprache. Nicht was Sie an nonverbalen Verhaltensweisen sehen ist wichtig, sondern was diese Ihnen über die emotionalen, kognitiven und mentalen Prozesse der beobachteten Person mitteilen. Sollten sich diese Anzeigen widersprechen oder darauf hinweisen, dass die Person ihren normalen „Betriebsmodus" verlassen hat, ist das eine Warnung, besondere Aufmerksamkeit und Vorsicht walten zu lassen.

Betrachten Sie die Summe der nonverbalen Verhaltensweisen, die Sie vier Hauptkategorien (den Anzeigen auf Ihrem Armaturenbrett) zuordnen. Die vier Kategorien sind die Körperbereiche Kopf, Augen, Arme und Beine – die wichtigsten Produzenten körpersprachlicher Signale.

Kopf

Generell sind wir uns der im Kopfbereich generierten körpersprachlichen Signale bewusster als der Signale, die andere Körperregionen aussenden. Aufgrund dieses starken Bewusstseins sind wir in der Lage, einige dieser Körpersignale zu unterdrücken oder auch zu maskieren, so dass die Person, die sich ein Bild von unserer Glaubwürdigkeit zu machen versucht, in die Irre geführt wird. Obwohl von geringem Umfang und daher sehr unscheinbar, sind die im Kopfbereich angesiedelten Signale sehr zahlreich. Umgekehrt produzieren die übrigen Körperregionen weniger zahlreiche Signale, die dafür ausladender und auffälliger sind.

Kopfhaltung

Lassen Sie uns zunächst die üblichen Kopfpositionen und ihre Bedeutungen erläutern. In einer der häufigsten Positionen wird der Kopf leicht zur rechten oder linken Seite geneigt. Diese Kopfhaltung ist ähnlich der eines Hundes oder einer Katze, der oder die mit gespannter Aufmerksamkeit einem neuen oder interessanten Geräusch lauscht. Beim Menschen vermittelt sie dieselbe Botschaft: nämlich dass die Person dem Gesagten genau zuhört – ein positives Signal für den Beobachter. Sieht ein Lehrer oder Dozent diese Kopfposition, weiß er, dass sein Schüler oder Student ihm aufmerksam zuhört und die aufgenommenen Informationen verarbeitet. Als zusätzliche Komponente der Zuhörpose wird manchmal eine Hand leicht gegen eine Wange gelegt, allerdings ohne den Kopf zu stützen. Wird die Hand als Kopfstütze verwendet, ist das üblicherweise ein Zeichen dafür, dass das Thema den Zuhörer langweilt oder dieser seinen eigenen Gedanken nachhängt.

Eine andere Kopfposition lässt sich am besten mit einem Ausflug in die Teenagerzeit beschreiben. Erinnern Sie sich daran, als Sie am Samstagabend 30 oder 45 Minuten nach der vereinbarten „Sperrstunde" nach Hause kamen und Ihr Vater oder Ihre Mutter im dunklen Wohnzimmer saß und auf Sie wartete? Auf dem Nachhauseweg hatten Sie sich bereits eine Erklärung für Ihr Zuspätkommen zurechtgelegt. Sie erzählten etwas von hoher Verkehrsdichte oder dem Kinofilm, der Überlänge hatte. Als Sie Ihren Eltern die einstudierte Geschichte vortrugen, haben Sie sich da deren Gesichter angesehen? Vermutlich nicht, weil Sie sicher waren, Ihre Augen oder Gesichtszüge würden Ihre Lüge verraten.

Hätten Sie Ihre Eltern damals angesehen, hätten Sie an ihrem Ausdruck erkannt, dass sie Ihre Geschichte nicht glaubten. Sie hätten gesehen, dass sie ihre Hände in die Hüften gestemmt, den Kopf gesenkt und das Kinn nach hinten gezogen hielten. Jetzt erinnern Sie sich, nicht wahr? Diese Haltung sagte: „Ich glaube kein Wort von dem, was du mir erzählst" oder „Du glaubst doch wohl nicht im Ernst, dass ich dir das abkaufe?" Wenn Sie mit jemandem sprechen und diese Kopfposition beobachten, seien Sie darauf vorbereitet, dass Ihr Gesprächspartner das, was Sie sagen, nicht glaubt oder nicht akzeptiert. Wenn jemand mit Ihnen spricht und diese Kopfhaltung einnimmt, ist das ein Zeichen dafür, dass Ihr Gesprächspartner seine eigene Aussage nicht hundertprozentig glaubt oder von ihr überzeugt ist. In diesem Fall sollten Sie nichts, was er sagt, für bare Münze nehmen, ohne es zuvor geprüft zu haben.

Gesichtsausdruck

Wie mein Gesprächspartner seinen Gesichtsausdruck verändert oder auch nicht, gestattet mir mehrere Schlussfolgerungen. Erstens erhalte ich einen Eindruck von seiner momentanen emotionalen Befindlichkeit – zum Beispiel, ob er verärgert oder deprimiert ist. Zweitens kann ich die Stärke seiner Emotionen nachvollziehen. Drittens kann ich durch genaue Beobachtung lernen, Gesichtsausdrücke zu erkennen, die die Person vorzutäuschen versucht, die sie mir zuliebe aufsetzt oder die mich in die Irre führen sollen. Schließlich kann ich entschlüsseln lernen, wann jemand Gefühle nur spielt, ohne sie tatsächlich zu empfinden – zumindest nicht in der vorgegebenen Intensität.

Die Intensität von Gefühlen lässt sich im Gesicht ablesen. Unsere Gesichter sind von zahlreichen Linien und Falten durchzogen, die je nach Anspannung oder Entspannung der Gesichtsmuskeln tiefer oder weniger tief, zahlreich oder weniger zahlreich erscheinen. Eine extreme Kontraktion der Gesichtsmuskeln und entsprechend tiefe Falten und Linien sind ein Indiz für heftig empfundene Emotionen. Versucht eine Person intensive Emotionen nur vorzutäuschen und ihre Gesichtszüge spiegeln diese Intensität nicht, verrät diese Diskrepanz, dass ihre Erregung weit weniger stark ist als vorgegeben. Sie erinnern sich: Verhalten und Reaktionen jedes Individuums sind unterschiedlich, und was für den einen ein normales Verhalten ist, mag für den anderen absolut aus dem Rahmen fallen. Vergleichen Sie sowohl die verbalen als auch nonverbalen Verhaltensintensitäten einer Person mit der für sie ermittelten Konstante.

Angenommen wir unterhalten uns über ein wichtiges Thema und ich verspreche mir einen persönlichen Vorteil, wenn ich Sie davon überzeugen kann, dass ein bestimmter Teilaspekt mich sehr interessiert. Ich bemühe mich daher,

über meinen Gesichtsausdruck und andere verbale und nonverbale Signale den Eindruck starker emotionaler Beteili-
gung zu erwecken. Ein verräterisches Zeichen, an dem Sie
die Unechtheit meiner Pose erkennen können, sind die von
den verschiedenen Regionen meines Gesichts ausgesende-
ten widersprüchlichen Botschaften. Beispielsweise kann es
sein, dass ich ein breites Lächeln zeige, meine Augen aber
kühl und unbeteiligt bleiben. Oder ich lächle zwar, aber
mein Unterkiefer zuckt vor Anspannung und verstecktem
Ärger. Möglich ist auch, dass mein Gesichtsausdruck nicht
zu den körpersprachlichen Äußerungen passt, die ich über
die Haltung meines Oberkörpers, meine Kopfhaltung, die
Bewegungen meiner Arme und Beine vermittle. Ich schüt-
tele Ihre Hand und lächle Sie an, doch Sie bemerken den
kalten Blick in meinen Augen und die fehlende Wärme in
meiner Stimme.

Das Gegenstück zu aufgesetzten Emotionen oder Ge-
sichtsausdrücken ist die unbewegte Miene – das berühmte
„poker face" –, die verhindern möchte, dass meine wahren
Emotionen von außen erkennbar sind. Normalerweise verändert sich unser Gesichtsausdruck bei einer Interaktion
mehrfach – je nachdem, wie wir auf Bemerkungen unserer
Kommunikationspartner reagieren oder welche Ideen, Gedanken und Emotionen wir äußern. Bleibt unser Gesichtsausdruck hingegen unverändert und starr, ist das genauso
unnatürlich wie eine aufgesetzte oder übertriebene Mimik.
Sollte Ihnen auffallen, dass die Person, mit der Sie sprechen, keine Veränderungen ihrer Mimik erlaubt, können Sie
wetten, dass sie ihr Bestes tut, wichtige und notwendige,
ihre kognitiven und emotionalen Reaktionen betreffende Informationen vor Ihnen zu verbergen. Auf keinen Fall sollen
Sie erfahren, dass ihre verbalen Äußerungen sich nicht mit
ihren wahren Gefühlen und Gedanken decken.

Je mehr wir uns anstrengen, unsere authentische emotionale Reaktion zu verbergen, desto wahrscheinlicher ist es, dass diese an anderer Stelle nach außen sickert. Das sollten Sie sich vor Augen führen, um Gesichtsausdrücke und ihre Bedeutungen besser entschlüsseln zu können. Trotz versteinerter Miene kann es sein, dass meine Hände, Arme und Beine beredt Auskunft über meine wahren Gefühle geben. Vielleicht ändert sich die Qualität meiner Stimme oder meine Wortwahl. Solange wir offen und ohne Hintergedanken mit anderen Menschen kommunizieren, befinden sich all unsere verbalen und nonverbalen Signale in Einklang und Harmonie. Diese Harmonie wird zerstört, wenn wir unsere Kommunikation verfälschen, tarnen oder manipulieren. Zu den Zeichen dieser gestörten Harmonie gehören die Indikatoren für Stress und/oder Täuschung.

Hände am Kopf

Später in diesem Kapitel werden wir uns intensiver mit den Aktionen der Hände und Arme befassen. Lassen Sie mich an dieser Stelle nur kurz ansprechen, welche Bedeutung die Berührung von Kopf und Gesicht mit den Händen hat. Das Berühren von vier Schlüsselbereichen des Kopfs – Mund, Nase, Augen und Ohren – dient ebenfalls der Verschleierung, indem diese Bereiche auf subtile oder faktische Weise verdeckt werden. Man spricht von „Negationsverhalten" – durch diese Aktionen wird die Aussage neutralisiert oder aufgehoben. Wie Studien über Täuschungen herausfanden, die dieses Aufhebungsverhalten der Hände katalogisierten, tritt es in Momenten der Täuschung tatsächlich gehäuft auf.[6] Die Verhaltensweisen der Negation reichen von grob bis geschliffen, von subtil bis unübersehbar. Das Bedecken der Augen etwa kann subtil sein, wenn sich jemand am Augenwinkel oder an der Augenbraue kratzt, oder aber nicht zu übersehen, wenn er seine Augen oder das ganze Gesicht mit einer Hand oder mit beiden Händen zudeckt. Zu den Aktionen der Hand im Bereich der Ohren zählen das Berühren oder Kratzen der Ohren, das Spielen mit Ohrringen oder das Bohren im Gehörgang.

Wenn Sie beobachten, dass Ihr Gesprächspartner seine Hände an den Kopf bringt, um Augen, Ohren, Mund oder Nase partiell oder vollständig zu bedecken, sollten Sie auf der Hut sein. Scheinbar fürchtet er unterbewusst, seine Sinnesorgane könnten Signale aussenden, die seine Täuschung preisgeben, und bedeckt oder schirmt diese deshalb gegen die Blicke seines Gegenübers ab. Das heißt nicht, dass jede Berührung eines Sinnesorgans Beweis für eine Lüge ist. Auf einem der Schulungsvideos, mit denen ich Kriminalbeamte im Erkennen von Lügen unterrichte, ist ein 27-jähriger Mann zu sehen, der zusammen mit seinem Bruder der Überfälle auf fast 200 Drugstores in fünf US-Bundesstaaten im Zeitraum von 18 Monaten für schuldig befunden worden war. In dem Verhör führte der Mann unentwegt eine Hand an den Mund. Bei anderen Personen ein klares Anzeichen für eine Täuschung, war dieser Tick bei ihm eine vollkommen normale Verhaltensweise. Erst wenn er mit seinen Händen Augen, Ohren oder das ganze Gesicht bedecken würde, könnte eine Täuschung vermutet werden. Vergessen Sie niemals, das beständige Verhalten einer Person zu identifizieren und als Vergleichsbasis für Abweichungen heranzuziehen.

Mund und Nase sind die bevorzugten Gesichtspartien für eine Berührung mit den Händen. Warum das so ist, dafür gibt es zahlreiche Theorien. Die gängigste These habe ich bereits erwähnt. Sie geht davon aus, dass die Hände zum Maskieren oder Verstecken der Wahrheit eingesetzt werden.

Das Bedecken des Mundes könnte interpretiert werden als Bemühen um ein Kontrollieren oder Blockieren des verbalen Outputs, was jedoch nicht ausschließlich mit Hilfe der Hände geschieht. Auch ein strahlendes Lächeln kann verhindern, dass wichtige Informationen nach außen dringen. Wie bereits beschrieben, dient es dazu, dem Beobachter einen falschen Eindruck zu vermitteln. Achten Sie auf Signale aus anderen Gesichtsbereichen oder andere verbale und nicht verbale Hinweise, die nicht zu der durch das aufgesetzte Lächeln vermittelten Botschaft passen.

Die Liste der Möglichkeiten, wie ich meinen Mund bedecken kann, ist schier unerschöpflich. Diverse Objekte im Mund oder in Mundnähe zu halten erfüllt die gleiche Funktion. Ich kann auf Bleistiften, Kugelschreibern, Büroklammern kauen, Fingernägel knabbern, Zigarette, Zigarre oder Pfeife schmauchen. In polizeilichen Vernehmungen habe ich Personen erlebt, die an Halsketten, Taschenriemen, Hemd- oder Blusenkragen, Haarsträhnen, Schnurrbarthaaren, Brillenbügeln oder den Kordeln ihres Sweatshirts kauten. Häufig sieht man Leute, die auf ihrer Lippe oder Zunge herumbeißen in dem Versuch, das, was sie sagen, zu kontrollieren.

Ebenfalls beliebt ist das Berühren der Nase, wobei die Gesten hier meist weniger auffällig sind. Greift sich Ihr halbwüchsiger Sohn in einer Unterhaltung an die Nase, ist Skepsis angezeigt. Wohlgemerkt: Hier ist nicht die Rede von Kleinkindern, die in Anwesenheit von Fremden, wenn sie eigentlich mit ihren guten Manieren glänzen sollten, mit Inbrust in der Nase zu bohren beginnen. Worum es hier geht, sind kaum merkliche Aktionen wie das sanfte Berühren oder Streifen der Nase. Manchmal reibt oder kratzt sich auch jemand an der Nase. Gelegentlich sieht man sogar Leute, die sich die Nasenflügel zuhalten. In letzterem Fall sollten Sie in Erwägung ziehen, dass die Person Allergiker ist und ein Niesgewitter vermeiden möchte. Denken Sie an die Regel, dass ein einzelnes Zeichen allein niemals Beweis für eine Täuschung sein kann.

Augen

Augenkontakt

Einer der hartnäckigsten Mythen im Zusammenhang mit Täuschungen und menschlichem Verhalten allgemein geht davon aus, Ehrlichkeit oder Unehrlichkeit einer Person ließe sich an ihren Augen ablesen. Tatsächlich kamen zahlreiche einschlägige Studien zu dem Ergebnis, die Augen seien keineswegs ein zuverlässiges Barometer für Lüge oder Wahrheit. Basierend auf der Redensart, wer die Wahrheit sage, könne einem immer in die Augen sehen, glauben viele, je beständiger jemand Augenkontakt halte, desto wahrscheinlicher sage er die Wahrheit. Einer Vielzahl von Studien zufolge ist es jedoch so, dass wir unseren Gesprächspartnern nur selten für längere Zeit in die Augen sehen. Wenn wir Probleme mit dem diskutierten Thema haben, uns unserem Gesprächspartner unterlegen fühlen oder ihn umgekehrt gering schätzen, neigen wir dazu, den Augenkontakt während der Unterhaltung zu unterbrechen. Verhaltensforscher stellten darüber hinaus fest, dass die Dauer des Augenkontakts je nach kulturellem oder ethnischem Hintergrund, Introvertiertheit oder Extrovertiertheit einer Person variiert.

> **Die Augen sind kein zuverlässiges Barometer für Lüge oder Wahrheit.**

Neurolinguistische Programmierung (NLP)

Ein weiterer verbreiteter Mythos zum Erkennen von Lügen mit Hilfe der Augen ist das Resultat einer Fehlinterpretation des populären Verhaltensmodells der neuro-linguistischen Programmierung oder NLP[7]. Das Mitte der 70er Jahre von John Grinder und Richard Bandler entwickelte Modell wurde von Therapeuten in aller Welt mit bemerkenswertem Erfolg angewendet. Eine zentrale Rolle im NLP spielt das so genannte Augenbewegungsmodell, mit dem die vorherrschende Orientierung eines Menschen erkannt werden soll. Manche Menschen sind generell eher visuell orientiert, andere eher auditiv und wieder andere überwiegend kinetisch. Im NLP wird davon ausgegangen, dass die Stellung der Augen und wie sich diese im Verlauf einer Interaktion ändert aufschlussreiche Hinweise („eye accessing cues") bietet, welche Orientierung bei einer Person vorherrscht. Der Therapeut hat dann die Möglichkeit, seinem Klienten auf der gleichen Kommunikationsebene zu begegnen und damit die Voraussetzungen für einen qualitativ anspruchsvolleren und produktiveren Dialog zu schaffen. An dieser Stelle soll erwähnt werden, dass das Lesen von ein oder zwei Büchern oder der Besuch eines Seminars für eine profunde Kenntnis der NLP-Theorien und -Methoden bei weitem nicht ausreicht. Leuten, die nach einer kurzen Beschäftigung mit NLP bereits glauben, die Augenbewegungen einer Person korrekt analysieren zu können, ist daher mit größter Skepsis zu begegnen.

> **Wir erhalten wertvolle Informationen über den mentalen und emotionalen Zustand einer Person, indem wir Veränderungen der Augen berücksichtigen.**

Fehlinterpretationen des Augenbewegungsmodells sind an der Tagesordnung, obwohl viele Menschen die feste Meinung vertreten, Täuschungsmanöver durch Studieren

Unterbrechungen des Augenkontakts, die abweichend zum beständigen Verhalten einer Person und als Teil eines Verhaltensgeflechts passieren, deuten auf Stress und einen eventuellen Täuschungsversuch hin.

der Augenstellungen zuverlässig erkennen zu können.[8] Leider sind unter diesen Leuten auch Kriminalbeamte und Angehörige anderer mit der Wahrheitsfindung betrauter Berufe zu finden, die meinen, allein daran, ob eine Person die Augen nach rechts oder links abwendet, erkennen zu können, ob sie lügt oder nicht. Nichts könnte weiter von der Wahrheit entfernt sein – zahlreiche Studien haben diese These als untauglich für das Erkennen von Täuschungen bewiesen.[9] Ein prominenter Experte für Körpersprache bezeichnete es als tadelnswert, wenn Kriminalbeamte versuchen, anhand der Augenbewegungen der verhörten Person auf Falschaussagen zu schließen.[10]

Was können wir tatsächlich lernen, wenn wir uns auf die Augen unserer Kommunikationspartner konzentrieren? Wir erhalten wertvolle Informationen über den mentalen und emotionalen Zustand einer Person, indem wir Veränderungen in der Form oder Stellung der Augen und ihres Umfelds, Veränderungen der Art des Blicks, die Häufigkeit des Blinzelns und die Ab- oder Anwesenheit von Tränen berücksichtigen. Unterbrechungen des Augenkontakts, die abweichend zum beständigen Verhalten einer Person und als Teil eines Verhaltensgeflechts passieren, deuten auf Stress und einen eventuellen Täuschungsversuch hin.

In Bezug auf die Augen gelten die gleichen Regeln und Grundsätze, die wir inzwischen mehrfach wiederholt haben. Wir halten Ausschau nach Veränderungen des normalen oder beständigen Verhaltens der Person, und – noch wichtiger – diese Veränderungen müssen in Gruppen (Geflechten) auftreten. Veränderungen der Augen allein reichen für die Diagnose einer Täuschung nicht aus. Kombiniert mit anderen Hinweisen auf Stress und/oder Täuschung unterstützen sie hingegen eine korrekte Analyse der dem Verhalten einer Person zugrunde liegenden Motivationen.

Aussehen der Augen

Achten Sie im Gespräch mit einem Freund oder Verwandten auf das Aussehen seiner Augen. Damit meine ich die Form oder Konfiguration des Auges und ihres unmittelbaren Umfelds. Weit nach oben gezogene Augenbrauen und

> **Jede Emotion kann von Tränen begleitet sein, besonders wenn sie sehr heftig empfunden wird.**

aufgerissene Augen sind ein Zeichen, dass jemand schockiert oder überrascht ist. Ein interessantes Phänomen im Zusammenhang mit den Augen wird als *san paku* oder „drei Weiß im Auge" bezeichnet. Normalerweise hat das Auge zwei Weiß – je eins am inneren und äußeren Winkel. Schock, Verblüffung oder Panik führen bei manchen Menschen dazu, dass ihre Augen drei, bisweilen sogar vier Weiß zeigen. Der dritte weiße Abschnitt befindet sich über oder unter der Iris, bei vier Weiß sind sowohl der Abschnitt über als auch der unter der Iris weiß, also am Ober- und Unterlid. Gleichzeitig sind die Brauen extrem weit nach oben gezogen. Ein untrügliches Zeichen, dass die betreffende Person stark unter Stress steht.

Eine andere mögliche Veränderung: Die Augen und ihr Umfeld nehmen ein weicheres Aussehen an, erscheinen sanfter und runder. Die Muskeln um das Auge sind entspannt, so wie die Wangen und vermutlich auch die übrigen Gesichtszüge. Die Augenbrauen wirken leicht nach oben gezogen. Dieser Ausdruck ist oft zu beobachten, wenn jemand emotional leidet oder deprimiert ist. Er kann ebenfalls auftreten, wenn ein Verhandeln erwogen wird und die Person die Art, wie sie selbst, ihr früheres oder künftiges Handeln wahrgenommen werden, zu manipulieren versucht. Sie möchte den Eindruck erwecken, ausgesprochen offen und authentisch zu sein, was sie in Wirklichkeit nicht ist.

Tränen und Weinen

Mit Tränen assoziieren wir fast immer Traurigkeit und Schmerz, doch das sind nicht die einzigen Gründe, warum jemand weint. Jedes der fünf Stressreaktionsverhalten, die wir im Detail besprechen werden – Zorn, Verleugnung, Verhandeln, Depression oder Einwilligung –, kann von Tränen begleitet sein, besonders wenn die Reaktion sehr heftig empfunden wird. Vielleicht haben Sie jemanden in Ihrem Bekanntenkreis, der, wenn er sehr wütend ist, zu heulen anfängt. Ursache für die Wut sind meist emotionale Verletzungen, die der Person wirklich zugefügt wurden oder von denen sie glaubt, sie seien ihr zugefügt worden.

Tränen können auch ein Signal sein, dass jemand mit der Realität nicht zurechtkommt, Verstörung, Frustration oder Ohnmacht fühlt. Die Aussagen und Verhaltensweisen dieser Person sind von Verleugnung geprägt. Natürlich können Tränen auch um Mitgefühl oder Sympathie buhlen. Diese Art des Weinens kennen Eltern nur zu gut, denn Kinder, die sich nach mehr Aufmerksamkeit sehnen, versuchen oft, mit Weinen oder Wimmern ihren Willen zu bekommen.

Auch Erwachsene greifen zu diesem Druckmittel – allerdings gehen sie raffinierter vor. Vielleicht bewegen meine Krokodilstränen den Polizisten dazu, Mitleid mit mir zu haben und mir keinen Strafzettel auszustellen. Vielleicht drückt der Professor ein Auge zu und sieht mir die verspätete Abgabe meiner Semesterarbeit nach. Vielleicht gewinne ich durch Übertreibung meiner Verletzung oder meiner Schmerzen die Sympathie der gut aussehenden Skihasen auf der Piste. Das Ergebnis ist immer dasselbe: Ich habe den Ton der Unterhaltung geändert und auch die Einstellung meines Gesprächspartners zu meiner Person. Wie gut es mir gelingt, Sympathie oder Aufmerksamkeit zu erheischen, hängt von der Qualität meiner Darbietung ab, und ich benutze alle mir zur Verfügung stehenden Mittel – einschließlich Tränen – zur Steigerung meiner Überzeugungskraft.

Bewusster Augenkontakt

Wir haben bereits darauf hingewiesen, dass die Dauer des vom Sprecher gehaltenen Augenkontakts nicht immer ein zuverlässiges Barometer für die Feststellung ist, ob jemand lügt oder nicht. Allerdings kann es gut sein, dass

> **Unterbrechungen des Augenkontakts sind oftmals Signale für Stress – nichts anderes.**

der Sprecher genau dies denkt. Ob Sie es glauben oder nicht – es gibt Situationen, in denen ein langer Augenkontakt Sie misstrauisch stimmen sollte. Hauptsächlich handelt es sich dabei um zwei Situationen. Erstens: Die Person, die ausdauernd oder intensiv Augenkontakt hält, will Kontrolle oder Dominanz über ihren Gesprächspartner ausüben. Diese Kontrolle ist nicht identisch mit der im Rahmen von Zorn oder Aggression ausgeübten. Der Sprecher möchte die Zielscheibe seines Augenkontakts warnen, bloß nicht auf die Idee zu kommen, seine Aussagen und deren Wahrheitsgehalt anzuzweifeln.

Der zweite Grund, weshalb ein Sprecher auf einen langen Augenkontakt Wert legt: Er denkt, damit würde er seine Vertrauenswürdigkeit beweisen. Indem er seinem Gegenüber direkt in die Augen sieht, hofft er, seine Ehrlichkeit über jeden Zweifel erhaben zu machen. Der geschulte Zuhörer kann aus diesem Verhalten interessante Schlüsse ziehen. Befolgen wir eine der Grundregeln in diesem Buch, bemerken wir relativ bald, dass eine Veränderung im Verhalten der Person stattgefunden hat. Wir haben bereits eine Ahnung von ihrem normalen oder beständigen Verhalten und stufen einen bewussten Augenkontakt als signifikante Abweichung von dieser Konstanten ein. Indem er ein Verhalten zur Schau stellt, von dem er hofft, es würde als Zeichen für Ehrlichkeit aufgefasst werden, erreicht der Sprecher das Gegenteil: Er signalisiert dem Zuhörer, dass er etwas zu verbergen hat. Wann immer der Sprecher versucht, seine wahren Emotionen zu verstecken oder mit aufgesetztem Verhalten „zuzukleistern", spricht man von „Verschleierungshinweisen", die auf einen Täuschungsversuch schließen lassen.

Blinzeln

Das Blinzeln mit den Augen ist eine vom autonomen Nervensystem gesteuerte biologische Funktion, notwendig für Pflege und Gesunderhaltung des Auges. Je nach Lichtsituation und anderen externen Faktoren blinzeln wir im Durchschnitt alle fünf bis sechs Sekunden. Die Häufigkeit des Blinzelns wird von zahlreichen Parametern wie Lufttrockenheit, Allergien, Medikamenten oder Kontaktlinsen beeinflusst. Forschungen zufolge ist sie außerdem abhängig vom mentalen Stress, den wir empfinden, und häufiges Blinzeln gilt als Signal für eine schnelle Informationsverarbeitung im Gehirn. Nachdem Sie das normale Blinzelverhalten einer Person herausgefunden haben, achten Sie auf mögliche Veränderungen. An häufigerem Blinzeln erkennen Sie, dass die Person mit hoher Geschwindigkeit denkt und ihre Gedanken evaluiert, und die Ursache hierfür kann eine Veränderung ihres Stresspegels sein.

Natürlich ist nicht jede Unterbrechung des Augenkontakts mit einem Täuschungsversuch zu erklären. Oftmals handelt es sich um Signale von Stress – nichts anderem. Andererseits kann es durchaus sein, dass jemand als Teil eines mit Täuschung assoziierten Verhaltensgeflechts den Blickkontakt unterbricht. Wir haben verschiedene Methoden erwähnt, wie eine Person Anzeichen für Stress oder Täuschung zu verbergen versucht. Einer dieser Tricks ist das teilweise oder vollständige Bedecken der Augen oder anderer Gesichtspartien mit einer oder mit beiden Händen. Vielleicht versucht ein Arbeitskollege sein Blinzeln zu verstecken, indem er den Kopf wegdreht und scheinbar von irgendetwas abgelenkt ist, während er Ihre Frage beantwortet, weshalb er drei Tage krank geschrieben war und ob er nächste Woche seinen freien Tag mit Ihnen tauschen kann. Vielleicht fängt Ihr Chef an herumzudrucksen, in unvollständigen Sätzen zu sprechen, den Blick abzuwenden oder seine Schreibtischplatte anzustarren, wenn Sie ihn fragen, wie weit seine Entscheidung über Ihre Gehaltserhöhung gediehen ist. Solche und ähnliche Verhaltensgeflechte deuten auf eine sehr hohe Täuschungswahrscheinlichkeit hin. Vergessen Sie nicht, das Timing zu berücksichtigen. Diese Verhaltensgeflechte passieren nicht in einem luftleeren Raum, sondern immer als Reaktion auf eine spezifische Frage oder Anmerkung.

Arme

Das Verschränken der Arme gehört zu den Verhaltensweisen, die von den meisten als Zeichen gedeutet werden, die Person verschließe sich dem Gespräch oder sage nicht die Wahrheit. Zwar suggeriert ein Verschränken der Arme in

> **Nur eine geringe Zahl der mit Händen und Armen ausgeführten Gesten hat mit einem Täuschungsversuch zu tun.**

manchen Fällen in der Tat besondere Sensibilität gegenüber einem Thema, in anderen Fällen kann es dagegen völlig ohne Bedeutung sein. Richten Sie Ihr Augenmerk wie immer auf Verhaltensgeflechte und ihr Timing. Sie wissen bereits, dass Verhaltensänderungen in einem bestimmten Zeitrahmen und als Reaktion auf einen Stimulus auftreten. Ihre Aufgabe ist es, diesen Stimulus zu identifizieren. Wenn Sie herausfinden wollen, was es bedeutet, wenn eine Person ihre Arme verschränkt, müssen Sie zur Bestimmung ihrer emotionalen und mentalen Verfassung andere, eventuell gleichzeitig auftretende nonverbale und verbale Botschaften ins Kalkül ziehen.

Die Mehrzahl der mit Händen und Armen produzierten Gesten ist das Resultat einer Anpassung an unterschiedliche Stressniveaus, nur eine sehr geringe Zahl hat mit einem Täuschungsversuch zu tun. Viele dieser mit Armen und Händen ausgeführten Bewegungen können den Beobachter nicht verbaler Verhaltensweisen zu der falschen Annahme verleiten, es handele sich um sichere Hinweise auf eine Lüge.

Schultern

Den Ausgangspunkt unserer Betrachtung der oberen Extremitäten bilden die Schultern. Obwohl sie nur eine geringe Anzahl körpersprachlicher Äußerungen generieren, leisten die Schultern einen wesentlichen Beitrag zur Entschlüsselung der emotionalen und mentalen Prozesse der beobachteten Person. Als Erstes sollten Sie Ihr Augenmerk auf die grundsätzliche Haltung der Schultern richten: Sind die Schultern Ihres Gegenübers parallel zu Ihren Schultern ausgerichtet? Wenn ja, spricht das für einen guten Informationsaustausch und dafür, dass sich die Person emotional und mental voll in das Gespräch einbringt. Weggedrehte Schultern – die sprichwörtliche kalte Schulter – sind ein Signal, dass die Person emotional oder intellektuell so gut wie nicht involviert ist und dies auch nicht sein möchte. Besondere Beachtung verdient der genaue Zeitpunkt, wann die Drehung der Schultern erfolgt, denn er markiert fast immer eine Stelle in der Unterhaltung, an dem die Person Ihren Standpunkt ablehnt. Vielleicht geht es um ein Thema, mit dem sie sich nicht befassen möchte oder das ihr unangenehm ist. Passiert die Drehung der Schultern, während die Person selbst spricht, handelt es sich meist um eine Distanzierung von der eigenen Aussage – die Person glaubt nicht wirklich an das, was sie sagt. In diesem Fall sollten auch Sie ihrer Aussage nur sehr bedingt Glauben schenken, da sie vermutlich zumindest teilweise unwahr ist.

Ferner sollten Sie beobachten, ob die Person ihre Schultern hochzieht oder ob die Schultern in sich zusammensinken oder gar vorzurollen scheinen. Jede dieser Schulterbewegungen besitzt eine ureigene Bedeutung, die Sie als Beobachter kennen sollten. Das Hochziehen der Schultern wird generell mit Ablehnung assoziiert. Ziehe ich beispielsweise meine Schultern hoch, während Sie mir einen Standpunkt darlegen und meine Zustimmung suchen, drücke ich damit aus, dass ich Ihre Ansicht im Grunde nicht teile, aber auch nicht offen widersprechen möchte. Sollte meine Antwort auf eine spezifische Frage von einem Schulterzucken begleitet sein, bin ich von meiner Aussage selbst nicht sonderlich überzeugt. Das kann ein Zeichen für ein Ausweichen oder auch einen Täuschungsversuch von meiner Seite sein.

Wie eine Person während einer Interaktion ihre Schultern positioniert, gestattet Rückschlüsse auf ihre Einstellung gegenüber der Unterhaltung oder dem Gesprächspartner. Es handelt sich wie immer um sehr subtile Bewegungen, die unbewusst geschehen und in drei Kategorien fallen – Drehen der Schultern, Anheben oder Hochziehen der Schultern und Senken der Schultern.

Sind wir an der Unterhaltung mit jemandem aufrichtig interessiert und intensiv beteiligt, transportiert unser Körper diese Einstellung durch seine parallele Ausrichtung zu unserem Gegenüber. Bei drei oder mehr Gesprächspartnern verhalten sich die Positionen der Körper und Schultern entsprechend. Würde man die Teilnehmer der Unterhaltung aus der Vogelperspektive betrachten, entstünde der Eindruck eines Kreises. Hegt einer der Teilnehmer unterdessen eine starke Aversion gegen ein Thema oder einen vorgetragenen Standpunkt, können Sie beobachten, wie er seine Schultern von der Gruppe wegdreht – fast so, als richte er eine seiner Schultern wie einen Pfeil gegen den/die anderen Teilnehmer. Ein Beispiel: Während Ihr Verlobter ein bestimmtes Argument vorbringt, hält er seine Schultern parallel zu Ihren Schultern; sobald Sie etwas sagen, das seinen Widerspruch weckt, dreht er Ihnen die „kalte Schulter" zu – als Zeichen seiner Ablehnung. Wenn Sie etwas sagen und diese Veränderung der Körperposition Ihres Zuhörers wahrnehmen, ist es Zeit, die Art Ihrer Argumentation zu ändern, um seine Ablehnung zu überwinden. Diese Körper- und Schulterposition kann auch Verachtung signalisieren. Denken Sie über Ihre Beziehung zu der Person nach, denn offenbar sind negative Gefühle aus der Vergangenheit an die Oberfläche gespült worden und der Zeitpunkt ist gekommen, die Luft zwischen Ihnen beiden zu reinigen.

> **Wie eine Person während einer Interaktion ihre Schultern positioniert, gestattet Rückschlüsse auf ihre Einstellung gegenüber der Unterhaltung oder dem Gesprächspartner.**

Für die letzte Schulterhaltung, die ich erläutern möchte, habe ich den Begriff „Kaskade" geprägt. Das Senken und Vorrollen der Schultern erinnert an einen Wasserfall oder das Brechen einer Welle. Der mentale und emotionale Zustand einer Person, die diese Schulterhaltung zeigt, lässt diese Analogien desto zutreffender erscheinen. Das Zusammensinken der Schultern hat im Wesentlichen zwei Bedeutungen, die der Betrachter allzu leicht verwechseln kann. Einerseits kündigt dieses Zusammensinken Niedergeschlagenheit an. Andererseits kann es sein, dass ein Zuhörer, der längere Zeit oder zumindest in der vorausgegangenen Diskussion eine stark ablehnende Haltung pflegte, diese gegen eine Einwilligung einzutauschen bereit ist. Die Tatsache, dass eine einzige Verhaltensweise so leicht falsch interpretiert werden kann, verdeutlicht, wie verrückt und vermessen es wäre, die Glaubwürdigkeit einer Person feststellen zu wollen, indem man nur einen einzigen Bereich ihres Verhaltens betrachtet. Für eine zuverlässige Unterscheidung von Lüge und Wahrheit ist es notwendig, nach wiederholt auftretenden – redundanten – Verhaltensweisen Ausschau zu halten. Einer der wichtigsten Schlüssel für die korrekte Deutung verbaler und nonverbaler Verhaltensweisen lautet daher: Gründen Sie Ihre Diagnose grundsätzlich auf Verhaltensgeflechte, nicht auf isolierte Verhaltensweisen.

Um zu entscheiden, ob die „Kaskade" als Zeichen von Niedergeschlagenheit oder Einwilligung zu werten ist, müssen Sie andere verbale und nicht verbale Verhaltensweisen zur Bestätigung oder Widerlegung Ihrer These heranziehen. Auf nicht verbaler Ebene könnten Sie einen traurigen Gesichtsausdruck, Sorgenfalten auf der Stirn, niedergeschlagene Augen und so weiter beobachten. Möglich ist auch, dass die Person den Blick in einer Art „Gnadengesuch" gen Himmel richtet, ihr Gesicht mit den Händen berührt oder sich die Kinnspitze reibt, was mögliche Zeichen für eine Einwilligung sein können.

Zur weiteren Verifizierung Ihrer These sollten Sie dem, was der Betreffende sagt, gewissenhaft Gehör schenken. Fühlt er sich deprimiert, reflektieren seine Aussagen dies. Er gibt Ihnen beispielsweise eine Beschreibung seiner Verfassung, berichtet über die vielen Probleme, die er in seinem Privatleben, im Beruf oder mit seiner Gesundheit hat. Für einen Zustand der Einwilligung spricht ein versöhnlicher Charakter seiner Worte. Die Person deutet an, dass sie nach Wegen zur Überwindung der Kluft zwischen Ihnen beiden sucht. Mehr über die sprachlichen Zeichen von Depression und Einwilligung finden Sie im nächsten Kapitel, das der verbalen Kommunikation gewidmet ist. Sie dürfen auf gar keinen Fall ungeduldig oder bedrohlich auftreten beim Versuch, zwischen den Anzeichen für Widerstand und/oder einer Täuschung durch einen Freund oder Partner zu unterscheiden, wenn Sie an einer Konfliktlösung interessiert sind.

Hände

Die mit den Händen produzierten Gesten können drei Hauptkategorien zugeordnet werden. Die Anzahl möglicher Variationen in diesen Kategorien ist schier unbegrenzt. Alle Gesten haben eine individuelle Bedeutung und erfüllen einen Zweck im Gesamtkatalog menschlicher Verhaltensweisen. Sämtliche mit den Händen ausführbare Bewegungen oder Handlungen beschreiben zu wollen, wäre illusorisch. Konzentrieren wir uns auf die wichtigsten Kategorien und ihre Bedeutung.

Unterstreichende Gesten

Die über unterstreichende Gesten kommunizierte Botschaft ist fast immer eindeutig und direkt. Unterstreichende Gesten werden überwiegend bewusst zur Schau gestellt, nur in sehr vereinzelten Fällen geschehen sie unbewusst. In diese Kategorie fällt zum Beispiel das Nicken mit dem Kopf als Zeichen der Zustimmung oder das Verschränken und Reiben der Hände auf dem Bauch als Zeichen, dass man sich nach einer Mahlzeit satt fühlt. Der vor dem Körper ausgestreckte Arm mit nach außen zeigender Handfläche wird als „Halt!", das Winken zum Körper hin mit nach innen geneigter Handfläche als „Komm her" interpretiert. Der erhobene Mittelfinger spricht ebenfalls eine eindeutige Sprache, während der auf die Lippen gelegte Zeigefinger zu Schweigen oder Stille ermahnt.

Erläuternde Gesten

Auch die Bedeutung von erläuternden Gesten ist leicht zu entschlüsseln. Diese Hand- und Körperbewegungen sind als Ergänzungen zur verbalen Kommunikation gedacht, und in dieser Funktion helfen sie dem Zuhörer, eine Botschaft besser zu verstehen. Denken Sie daran, wie ein Pantomime ohne Worte Ideen und Konzepte durch Körpersprache und Schweigen „illustriert". Wir verstehen, dass ein geringer, zwischen Daumen und Zeigefinger gezeigter Abstand „klein" veranschaulicht, eine mit Wucht zugeschlagene Tür durch eine heftige Bewegung mit Körper und Armen symbolisiert werden kann. Erläuternde Gesten dienen der visuellen Verstärkung von Schilderungen.

Manche Leute greifen häufiger zu erläuternden Gesten als andere – eine Diskrepanz, die den Gegenstand zahlreicher Studien bildete. Der Tenor dieser Studien: Wenn jemand abrupt umschaltet von sehr vielen auf sehr wenige erläuternde Gesten oder umgekehrt, signalisiert diese Veränderung seines beständigen Verhaltens häufig, dass er in seiner aktuellen Aussage ausweicht oder die Unwahrheit sagt. Falls Sie diese Veränderung an der beobachteten Person feststellen, ist es ratsam, konkretere Fragen zu stellen und in die Tiefe zu gehen, um sich der Wahrheit zu nähern.

Angepasste Gesten

Die unter dem Begriff „angepasste Gesten" zusammengefassten Bewegungen oder Nichtbewegungen der Hände dienen in der Hauptsache einem Abbau von Stress. Das ist auch der Grund, warum mit den Händen produzierte Gesten den Beobachter vor Probleme stellen. Das erste Problem ist die Tatsache, dass die Vielzahl ihrer unterschiedlichen Kombinationen und Variationen leicht zu einer Vernachlässigung dessen, was gesprochen wird, verführt. Zweitens: Trotz ihrer hohen Anzahl lassen nur wenige von ihnen zuverlässige Rückschlüsse zu, ob jemand lügt oder nicht. Positiv ist, dass wir unsere Körpersprache – auch die der Hände – nicht mit derselben Sorgfalt kontrollieren wie das, was wir sagen. Veränderungen der Gestik der Hand bieten daher eine gute Orientierung, ob und wie sehr Ihr Gesprächspartner unter Stress steht.

Die Liste der Stresssymptome, an denen die Hände beteiligt sein können, ist endlos. Wie wir uns im Einzelfall unter dem Einfluss von Stress verhalten, reflektiert, wie wir im Laufe unseres Lebens gelernt haben, mit Stress zurechtzukommen. Einige dieser Verhaltensweisen sind die Resultate dieses lebenslangen Lernprozesses, beeinflusst von Sozialisation und Umwelt. Andere sind genetisch verwurzelt. Worauf ich hinauswill: Zwar schöpfen wir alle aus einem großen Topf genereller Verhaltensweisen, doch unsere angepassten Gesten entstammen unserem ureigenen Fundus an gewohnheitsmäßigen oder bevorzugten Verhaltensweisen. Das bringt uns zu der bekannten Tatsache zurück, dass unsere Verhaltensweisen und Reaktionen individuell unterschiedlich und einzigartig sind und keine Verhaltensweise mit genereller Bedeutung für alle Menschen existiert.

> **Sämtliche mit den Händen ausführbaren Bewegungen oder Handlungen beschreiben zu wollen, wäre illusorisch.**

Zu den gängigsten angepassten Gesten zählen stilisierte Pflegerituale. Angenommen, Sie beginnen auf einer Party eine Unterhaltung mit jemandem, der neu in der Clique ist. Sie merken, wie sehr die ihm gewidmete Aufmerksamkeit ihn nervös macht, wenn er unter anderem durch seine Haare oder seinen Bart streicht, an Jacke, Pullover oder Hemdkragen herumzupft, imaginäre Fussel oder Haare entfernt, über die Bügelfalte seiner Hose bürstet oder an seinem Gürtel hantiert. Andere mit den Händen produzierte Stresssignale sind das nervöse Herumfingern an Gegenständen oder das Spielen mit Händen oder Fingern. Je höher der Stresspegel, desto aktiver werden die Hände. Das heißt nicht, dass jeder, der unter Stress steht, zwangsläufig nervöse Hände bekommt. Andere Leute bleiben im Kreis neuer Gesichter vollkommen ruhig.

Eine letzte Bewegung der Arme und Hände, die ich kurz anreißen möchte, bezeichne ich als „Wegwisch-Geste". Sie drückt aus, dass eine Person über ein bestimmtes Thema nicht reden, sich nicht mit ihm befassen möchte. Stellen Sie sich vor, beim Abendessen kommt die Rede auf die letzte Beziehung Ihres Verlobten. Sie möchten wissen, ob er noch Gefühle für Ihre Vorgängerin hegt. Holt er nun mit Arm und Hand zu einer schwungvollen Geste weg vom Körper aus, signalisiert das seinen Unmut, über das Thema zu sprechen. Viel lieber möchte er es vom Tisch fegen, aus Ihrer Interaktion verbannen. Ein Anlass für Sie, zu einem späteren Zeitpunkt nachzuhaken und herauszufinden, warum er sich dem Dialog so rigoros versperrt. Das kann eine Reihe harmloser Gründe haben, doch für Sie ist es wichtig zu wissen, warum ein bestimmtes Thema „weggewischt" werden soll.

Je mehr stressinduzierte Zeichen vorliegen, desto größer ist für Sie als Beobachter die Verwirrung und das Risiko, vor lauter Bäumen den Wald nicht zu sehen, sprich: die zur Entschlüsselung von Lüge oder Wahrheit wirklich wichtigen verbalen und nonverbalen Signale zu vernachlässigen, weil die vielen Aktivitäten der Hände Ihre ganze Aufmerksamkeit beanspruchen – ein Fehler, der Sie teuer zu stehen kommen könnte.

Beine

Das Verhalten von Beinen und Füßen liefert Einsichten in die emotionale Befindlichkeit einer Person. Es sollte daher zumindest peripher in Ihre Beobachtung einbezogen werden. Verglichen mit anderen Körperregionen und ihrer Bedeutung für die Deutung körpersprachlicher Signale sind die Beine nicht sehr produktiv und verraten uns nur wenig darüber, ob jemand uns belügt oder ehrlich zu uns ist. Andererseits beschränkt sich das Bemühen um ein Unterdrücken oder Maskieren körpersprachlicher Signale fast immer auf den Oberkörper, so dass Sie als Experte für Körpersprache einige sehr aufschlussreiche, weil unverfälschte Informationen aus dem Studium der unteren Extremitäten herleiten können.

Fängt Ihr Gesprächspartner im Verlauf der Unterhaltung an, Beine oder Füße zu bewegen, ist das ein Zeichen, dass er sich wachsendem Stress oder Druck ausgesetzt fühlt. Die Beine nehmen beinahe die Funktion eines Druckmessers an. Besonders häufig zu beobachten ist das abwechselnde Überkreuzen und Entkreuzen der Beine. Das Bewegen der Beine kann ferner bedeuten, dass die Person der Situation, in der sie sich befindet, am liebsten den Rücken kehren – fliehen! – möchte. Wie wir wissen, haben alle Signale der Körpersprache ihren Ursprung in der instinktiven Kampf- oder Fluchtreaktion.

Sie haben schon Leute gesehen, die im Stuhl sitzend mit den Knien auf und ab federn oder die Beine vor und zurück bewegen? Sie suchen ein Ventil für ihren Stress und verraten, dass sie in der Situation alles andere als gelassen und entspannt sind. Ich erinnere mich lebhaft, wie meine Kameraden und ich in der Schule über Klassenarbeiten brüteten. Ein Blick durch den Raum genügte, um mindestens einen Schüler zu sehen, dessen Beine wie die Kolben eines Formel-1-Autos auf und ab pumpten. Junge, wie viel Schweiß und Tränen haben wir über den Tests in Ms. Pyles Chemieunterricht vergossen!

Auch eine Beobachtung des Verhaltens der Füße bringt einige interessante Entdeckungen. Füße, die bei verschränkten Beinen anfangen, zu wackeln oder sich auf und ab zu bewegen, sind ein klares Zeichen für wachsenden Stress oder Ungeduld. Oft machen sich die Füße auch akustisch bemerkbar, fangen an, auf den Boden zu schlagen oder zu stampfen – ein Signal, dass die Person sehr gereizt oder ungeduldig ist. Wenn Sie dieses Signal beobachten, prüfen Sie, ob ihre Körpersprache und/oder ihr verbaler Output weitere Anzeichen für Zorn enthält. Wie Sie mit zornigen Menschen am besten umgehen, werden wir später im Detail behandeln. Fest steht, dass Zorn kein guter Zuhörer ist und Sie daher einen Weg finden müssen, die Person aus

> **Beine und Füße sind sehr gute Indikatoren für Stress.**

ihrem Zorn herauszuholen, bevor Sie auf eine produktive Kommunikation hoffen können.

Möchte sich ein Gesprächspartner zurückziehen, gewissermaßen unsichtbar machen, etwa weil er starke Hemmungen hat, erkennen Sie das oft daran, dass er die Füße unter dem Stuhl „versteckt" oder die Fußgelenke überkreuzt und dann seine Füße hochzieht. Aus beidem kann geschlossen werden, dass sein Selbstbewusstsein wenig entwickelt ist, er vielleicht sogar Minderwertigkeitskomplexe hat – zumindest in dieser speziellen Situation –, so dass Sie als vordringliche Aufgabe sein Selbstvertrauen stärken sollten.

Falls Sie sich fragen, warum wir überhaupt über Beine und Füße sprechen, wo sie doch für das Erkennen von Lügen nur am Rande eine Rolle spielen, so gibt es hierfür zwei Gründe. Erstens halten viele Leute die beschriebenen Bewegungen von Beinen und Füßen für ein untrügliches Anzeichen für eine Täuschung, obwohl sie das absolut nicht sind.

Der zweite Grund: Beine und Füße sind sehr gute Stressbarometer. Zeigt eine Person eine oder mehrere der angesprochenen Stressverhaltensweisen, lernen wir daraus sehr viel über ihren emotionalen und manchmal auch über ihren mentalen Zustand. Als versierter Beobachter können Sie nachvollziehen, welche inneren Reaktionen durch die verschiedenen Punkte Ihrer Unterhaltung in Gang gesetzt wurden. Äußert sich der Stress, unter dem mein Gesprächspartner steht, in Form von Zorn, weiß ich, dass ich ihn zuerst aus seiner Wut und Frustration befreien muss, wenn ich eine fruchtbare Kommunikation mit ihm haben möchte. Indem ich seine Körpersprache, die Stimmqualität und das, was er sagt, berücksichtige, kann ich Wesen sowie Intensität seiner emotionalen oder mentalen Reaktion besser einschätzen. Das nächste Kapitel erläutert, wie Sie als Beobachter angemessen auf die fünf Stressreaktionsverhalten reagieren.

Daneben gibt es weitere Verhaltensweisen, die Rückschlüsse auf die Befindlichkeit Ihres Gesprächspartners zulassen. Ist es Ihnen beispielsweise schon passiert, dass jemand, mit dem Sie sich unterhielten, plötzlich seine Beine von sich streckte und dabei den Oberkörper weit nach hinten – weg von Ihnen – lehnte? Dieses Verhalten kann fast immer als Zeichen interpretiert werden, dass die Person sich kaum für Ihren Standpunkt interessiert oder generell dem Thema ausweichen möchte. Begleitend zu dieser Sitzposition hält die Person oft die Arme vor der Brust verschränkt und eine oder beide Hände zur Faust geballt. Diese spezielle Kombination signalisiert sogar noch mehr Ablehnung. Nimmt die Person diese Haltung ein, während sie Ihnen eine Frage beantwortet, ist die Wahrscheinlichkeit hoch, dass sie Ihnen wichtige Informationen vorenthält, etwas verbirgt oder gar Sie zu täuschen versucht.

Überkreuzte Beine sind ein eindeutiges Stresssignal. Sie sollten, wie bereits erwähnt, auf den Zeitpunkt achten, wann jemand seine Beine überkreuzt, denn das ist der Moment, in dem er sich am stärksten unter Stress fühlt. Sitzt er schon länger mit verschränkten Beinen da, warten Sie auf den Augenblick, an dem sich die Füße zu bewegen beginnen. Ruht das Fußgelenk des überkreuzenden Beins auf dem Knie, beobachten Sie unter Umständen, wie sich der Fuß nach oben und unten bewegt. Je stärker diese Wippbewegung, desto mehr Stress empfindet die Person. Befinden sich die Knie eng zusammen, fängt ein Bein häufig zu schwingen an. Wieder gilt: Je schneller und höher die beobachtete Schwingbewegung, desto größer die Stressbelastung. Pendelt das Bein während der ganzen Unterhaltung entspannt hin und her,

> **Machen Sie nicht den Fehler, von nur einem Körperbereich wie etwa den Beinen auf eine Täuschung zu schließen – berücksichtigen Sie sämtliche Bewegungen des Körpers.**

gehört das zum beständigen Verhalten der Person und besitzt keine weitere Relevanz.

Mittlerweile haben Sie verstanden, dass Bewegungen der Füße und Beine Stress, aber noch keine Täuschung signalisieren. Die Gefahr besteht, dass Sie über Ihrer Beobachtung der Beine und Füße andere Körperregionen vernachlässigen, obwohl diese ein viel zuverlässigeres Zeichen für eine Täuschung wären. Machen Sie nicht den Fehler, von nur einem Körperbereich wie etwa den Beinen auf eine Täuschung zu schließen – berücksichtigen Sie sämtliche Bewegungen des Körpers. Nicht selten ist es ein wichtiges Signal, wenn ein zuvor sehr agiler Körperbereich plötzlich bewegungslos wird. Vergessen Sie auch nicht, auf das, was jemand sagt, zu achten. Widersprüche zwischen dem Gesprochenen und der Körpersprache sind sehr häufig ein Signal für eine Täuschung.

Körperhaltungen

Es ist kein gutes Zeichen, wenn der Zuhörer seinen Körper von Ihrem, dem des Sprechers, entfernt.

Die verschiedenen Körperbereiche und die Bewegungen, die sie produzieren oder nicht produzieren, haben wir eingehend diskutiert. Wenden wir uns nun der Haltung des Körpers insgesamt zu. Mit Haltung meine ich in diesem Fall die Art, wie der Zuhörer seinen Körper in Bezug zum Sprecher positioniert.

Grundsätzlich kann gesagt werden, dass es kein gutes Zeichen ist, wenn jemand seinen Körper von Ihrem, dem des Sprechers, entfernt. Drückt er seinen Rücken in die Sitzlehne und lehnt sich extrem nach hinten, verrät er damit den Wunsch nach Distanz – Distanz von Ihnen oder von dem

Thema, um das es geht. Eine Abwandlung dieser Position liegt vor, wenn sich die Person erkennbar nach rechts oder links lehnt. Bei näherem Hinsehen stellen Sie fest, dass sich dort fast immer eine Tür oder ein Notausgang befindet, so dass es sich in der Tat um ein ansatzweises Fluchtverhalten handelt.

Auch hier geht es wieder primär um den Zeitpunkt, wann diese Haltung gezeigt wird. Wenn Sie Ihren Sohn fragen, ob er weiß, ob einer seiner Freunde Drogen nimmt, merken Sie, wie sein Körper sich der Zimmertür zuneigt, während er behauptet, darüber nichts zu wissen. Die Wahrscheinlichkeit ist hoch, dass Ihr Sohn soeben gelogen hat. Vielleicht haben Sie einen Verkäufer Ihrer Abteilung gerade gefragt, ob es stimmt, dass er einem Kunden eine unverschämte Bemerkung an den Kopf geworfen hat, als Ihnen auffällt, dass sein Körper in Richtung Notausgang driftet, während er jede verbale Entgleisung vehement abstreitet – vermutlich liegt auch hier eine Lüge vor. Sollten Sie, wie meistens der Fall, parallel zu der Körperhaltung in dem, was der Betroffene sagt, bestimmte Anhaltspunkte für eine Täuschung finden, können Sie sicher sein, auf ein signifikantes Verhaltensgeflecht gestoßen zu sein.

Wenn das Weglehnen des Körpers für eine Ablehnung Ihrer Person oder des diskutierten Themas sowie für eine Täuschung sprechen kann, was bedeutet dann das Gegenteil? Bewegt oder lehnt sich der Zuhörer Ihrem Körper entgegen, bedeutet das nicht unbedingt, dass er Sie oder das, was Sie sagen, akzeptiert. Vielmehr kann es sich um einen schlecht getarnten Versuch handeln, Sie zu dominieren oder gar einzuschüchtern – kurz: Kontrolle über Sie auszuüben. Verschaffen Sie sich Gewissheit, indem Sie genau auf seine Äußerungen achten, Ton und Qualität seiner Stimme auf Anklänge von Aggression oder Dominanz abklopfen. Sollten Sie fündig werden, können Sie davon ausgehen, dass

Bewegt oder lehnt sich der Zuhörer Ihrem Körper entgegen, bedeutet das nicht unbedingt, dass er Sie oder das, was Sie sagen, akzeptiert. Vielmehr kann es sich um einen schlecht getarnten Versuch handeln, Sie zu dominieren oder gar einzuschüchtern – kurz: Kontrolle über Sie auszuüben.

tatsächlich eine Reaktion auf Zorn oder Aggression vorliegt. Sitzt jemand während Ihrer Unterhaltung die ganze Zeit absolut senkrecht und steif wie ein Stock, versucht derjenige verzweifelt, sämtliche Bewegungen und körpersprachlichen Signale einzudämmen. Er ist nicht offen hinsichtlich seiner Gefühle und Emotionen. Wenn er sich bemüht, seine Gefühle und Gedanken vor Ihnen geheim zu halten, was verbirgt er sonst noch vor Ihnen?

Auch die restlichen Körperregionen können den Wunsch nach Flucht oder Entkommen ausdrücken. Wenn Sie beispielsweise merken, dass jemand die Position seiner Hüften verändert, diese von Ihnen ab- und einem Ausgang zuwendet, ist das ein Zeichen von Ablehnung oder dem Wunsch, der Situation zu entfliehen. Wie immer spielt das Timing eine Schlüsselrolle. Passiert das Verhalten zeitgleich mit seiner Antwort auf eine von Ihnen gestellte Frage, können Sie ziemlich sicher sein, dass die Antwort nicht offen und ehrlich ist. Bewegt die Person ihre Beine in eine Richtung weg von Ihnen, ist auch das ein Signal für Ablehnung und Vermeidung. Wird die Stellung der Füße verändert, so dass diese auf einen Ausgang oder potenziellen Fluchtweg deuten, ist ebenfalls Vorsicht angezeigt. Bei Strafgefangenentransporten löst diese Fußposition höchste Alarmbereitschaft bei den begleitenden Sicherheitsbeamten aus, die eine Fluchtabsicht befürchten.

Zusammenfassung

Wir haben in diesem Kapitel viel erfahren über Körpersprache – wann und wie sie uns herausfinden hilft, ob jemand versucht, uns in die Irre zu führen oder zu falschen Schlussfolgerungen zu verleiten. Die wichtigste Erkenntnis ist sicher: Körperbewegungen und Haltungswechsel verraten uns, wie sehr

> **Alle Täuschungssignale sind eine Form von Stress, aber nicht alle Stressanzeichen sind Indikatoren für eine Täuschung.**

eine Person unter Stress steht, wie sie mit der Situation fertig und wie ihre Stressreaktion vermutlich ausfallen wird. Vergraben unter den vielen Bewegungen, Positionswechseln und Ausdrucksformen liegen ein paar isolierte Hinweise, die tatsächlich auf eine Täuschungsabsicht schließen lassen. Diese müssen wir zu erkennen und korrekt einzuordnen verstehen. Erinnern Sie sich an unseren Leitsatz: Alle Täuschungssignale sind eine Form von Stress, aber nicht alle Stressanzeichen sind Indikatoren für eine Täuschung.

Wir haben mehrfach betont, wie wichtig es ist, das gesamte während eines Gesprächs gezeigte Verhalten zu berücksichtigen und sich nicht von isolierten oder zufälligen Verhaltensweisen ablenken zu lassen – die Verhaltenskonstante einer Person zu bestimmen und dann nach Abweichungen Ausschau zu halten. Jeder hat im Verlauf seines Lebens einen Katalog von Reaktionsmustern entwickelt, die er unter Stress zeigt. Möglich, dass Sie und ich einige dieser Verhaltensweisen teilen, während Sie, über diese Überlappungen hinausgehend, manche Dinge tun, die mir im Traum nicht einfielen. Genauso verfügen wir alle über einen Katalog von Signalen, die wir unbewusst äußern, wenn wir jemanden zu täuschen versuchen. Worauf es ankommt, ist zu begreifen, dass diese Kataloge individuell einzigartig sind. So kann es sein, dass ein bestimmtes Verhalten bei einer Person zum beständigen Katalog gehört, während es beim Rest der Bevölkerung als eindeutiger Hinweis auf eine Täuschung zu werten wäre.

Reaktionsverhalten

Wir reagieren auf die Ereignisse in unserem Leben auf zwei Ebenen – einer emotionalen und einer mentalen Ebene, die auch als kognitive Ebene bezeichnet wird. Diese beiden Reaktionsebenen sind mit Mechanismen ausgestattet, die uns helfen sollen, die verschiedenen Ereignisse, die um uns herum geschehen und uns unter Stress setzen können, zu meistern, eine gewisse Ausgewogenheit und Ordnung in unserem Leben zu bewahren. Ein erfahrener Therapeut vermag aus diesen vielfältigen emotionalen und mentalen/kognitiven Reaktionsweisen viel über unsere mentale Gesundheit zu lesen. Auch der Laie kann anhand ihrer verbalen und nonverbalen Verhaltensweisen einschätzen, wie gut oder schlecht eine Person Stressbelastungen standhält. Das Reaktionsverhalten lässt sich fünf verschiedenen Kategorien zuordnen: Einwilligung, Verhandeln, Zorn, Depression und Verleugnung. Diese Kategorien sind angelehnt an die von Dr. Elisabeth Kübler-Ross definierten Stationen des Sterbens.

In ihrem Buch „Über den Tod und das Leben danach"[11] dokumentierte die Ärztin und bekannte Sterbeforscherin, wie todkranke Patienten und deren Familien in dieser Ausnahmesituation reagierten. Ihre Beobachtungen erwiesen sich als von großem Wert für Ärzte, Krankenschwestern, Therapeuten, Geistliche, Hospizmitarbeiter und andere, die mit

> **Einwilligung ist das Reaktionsverhalten, auf das Sie abzielen sollten.**

der Betreuung todgeweihter Patienten zu tun haben. Die National Organisation of Victims Assistance verwendete Jahre später die Erkenntnisse der Sterbeforscherin für die Beratung und Betreuung von Verbrechensopfern und deren Familien. Im Umgang mit Ereignissen in unserer Umwelt, die uns unter Stress setzen, folgen wir alle ähnlichen Reaktionsmustern. Auch Personen, die versuchen, andere zu täuschen, und Angst haben müssen, für die Täuschung selbst und ihre Konsequenzen zur Rechenschaft gezogen zu werden, fühlen sich unter Stress.

In vier der genannten fünf grundsätzlichen Reaktionsverhalten scheint durch, dass ich die Realität, so wie sie ist, nicht akzeptiere – mich gegen sie zur Wehr setze. Diese vier Reaktionsverhalten sind Verhandeln, Zorn, Depression und Verleugnung. Wie oft und in welcher Reihenfolge ich mich dieser Kategorien bediene, ist von Gespräch zu Gespräch unterschiedlich.

Jedes der fünf Reaktionsverhalten – Einwilligung, Verhandeln, Zorn, Depression und Verleugnung – manifestiert sich sowohl verbal als auch nonverbal. Je entspannter und gelöster zwei Menschen miteinander kommunizieren, desto weniger ausgeprägt sind diese Verhaltensweisen. Das ändert sich, sobald die Gesprächspartner unter Stress stehen oder das Thema von extremer Wichtigkeit für mindestens einen von beiden ist. Dann merkt ein Beobachter sofort, wie ihre Reaktionen an Intensität gewinnen und die genannten Verhaltensweisen in immer reinerer Form auftreten. Die richtige Deutung dieser Reaktionsverhaltensweisen dient mir ferner als Bewertungsinstrument der Fortschritte, die mein Partner und ich in unserer Kommunikation erzielen. Ich weiß, wie ich vorgehen muss, um die Hürden, die uns von einer offenen, produktiven Kommunikation trennen, zu überwinden.

Einwilligung

Einwilligung ist das Reaktionsverhalten, mit dem wir Verantwortung für unser Handeln übernehmen. Eine Person, die sich im Zustand der Einwilligung befindet, versucht nicht, Informationen zu verzerren, die Art und Weise, wie der Zuhörer sie wahrnimmt, zu verändern oder ihre Verhaltensweisen als etwas anderes erscheinen zu lassen als das, was sie wirklich sind. Weder Sie als ihr Gesprächspartner noch irgendjemand oder irgendetwas sonst werden angegriffen oder beschuldigt wegen dem, was geschehen ist oder was sie falsch gemacht hat. Das ist das Verhalten, auf das Ermittlungsbeamte bei der Befragung verdächtiger Personen abzielen, da es die Vorstufe zu einem Geständnis bildet. Jemandem ein Geständnis abzutrotzen, dass er uns belogen hat, ist nicht unser vorrangiges Ziel. Uns reicht es, dass er seine Täuschungsversuche unterlässt, nachdem wir ihn erfolgreich überführt haben. Die Tatsache, dass er nun offen und ohne Hintergedanken mit Ihnen kommuniziert, ist Beweis genug für seine Einwilligung. Das hat nichts damit zu tun, dass Sie ihm Ihren Willen aufgezwungen haben oder nun sein Schicksal in der Hand halten. Es bedeutet lediglich, dass Sie den stressigen und unaufrichtigen Teil der Unterhaltung hinter sich gelassen haben und nun in einer offenen, ehrlichen Weise miteinander umgehen können. Das ist der Zeitpunkt, an dem Sie beide sich entspannen, die Kommunikation frei fließt. Honorieren Sie die Bereitschaft Ihres Gesprächspartners, der

> **Sie müssen sich damit abfinden, dass Menschen ihre Äußerungen zumindest etwas redigieren, um ihren Platz in der sozialen Hierarchie zu verteidigen. Gleichzeitig sollten Sie nicht so naiv sein zu denken, dass jeder stets und unter allen Umständen die Wahrheit sagt.**

Realität ins Auge zu sehen, Verantwortung zu übernehmen und sich entsprechend zu verhalten.

Zu erkennen, wann eine Person ihre Täuschungsstrategie aufgibt und für Ehrlichkeit optiert, fällt relativ leicht. Sie erinnern sich, dass die inneren emotionalen und mentalen Konflikte, die ein Täuscher erlebt, der Grund sind, warum Beobachter Signale der Täuschung identifizieren und klassifizieren können. Diese Signale werden verstärkt, wenn das Objekt seiner Täuschung ihn zwingt, alle Register zu ziehen, um seine Täuschung durchzusetzen. Je mehr Respekt der Täuscher vor den Lügendetektor-Fähigkeiten des Zuhörers hat, desto mehr Mühe bereitet es ihm, diese Signale zu unterdrücken.

Das entscheidende Element der Einwilligung ist, dass der Täuscher resigniert – sich mit dem Scheitern seines Täuschungsversuchs abfindet. Sobald das passiert, verlagert sich seine Zielsetzung – es geht nicht länger um das Durchfechten der Lüge, sondern um die Reparatur des erlittenen Imageschadens und die Intakthaltung beziehungsweise die Genesung von Ego und Selbstachtung.

Sie müssen sich damit abfinden, dass Leute ihre Äußerungen zumindest etwas redigieren, um ihren Platz in der sozialen Hierarchie zu verteidigen. Gleichzeitig sollten Sie nicht so naiv sein zu denken, dass jeder stets und unter allen Umständen die Wahrheit sagt. Mein Rat ist, immer auf das Unerwartete gefasst zu sein und auf eine Weise mit anderen Menschen zu kommunizieren, die von Täuschungsversuchen abschreckt, sie erkennt, falls sie passieren, und Harmonie und Offenheit in Ihren Beziehungen erzeugt. Falls Sie Anzeichen erkennen, dass sich Lüge und Unehrlichkeit in eine Unterhaltung oder Beziehung einschleichen, sollten Sie dies sofort zur Sprache bringen. Tun Sie das nicht, gewinnt die andere Person den Eindruck, Sie entschuldigten ein solches Verhalten, und über kurz oder lang wird Ihre Beziehung sich verschlechtern. Dieses rechtzeitige Eingreifen ist besonders bei engen Beziehungen wichtig.

Versucht ein Mitglied unserer vertrauten oder persönlichen Gruppe, uns hinters Licht zu führen, gehen wir damit anders um als bei sozialen Kontakten oder öffentlichen Personen. Innerhalb der vertrauten oder sozialen Gruppe reagiert man überwiegend auf etwas, das bereits geschehen ist und worüber man die Wahrheit herausfinden möchte. Dies trifft auch im Hinblick auf Mitglieder der öffentlichen Gruppe zu, allerdings aus anderen Gründen. Da Sie keinen direkten Zugang zu solch einer Person haben, sind Sie gezwungen, sich auf das zu verlassen, was Sie über die Medien erfahren. Natürlich ziehen Sie Ihre eigenen Schlussfolgerungen und machen Ihrer Meinung möglicherweise in einem Brief oder einer E-Mail Luft, aber Sie packen die Situation nicht so persönlich und direkt an, wie Sie es beispielsweise mit einem Kind oder anderem Verwandten täten.

Sobald Sie erkennen, dass jemand aufhört, die Verantwortung für sein Verhalten von sich zu weisen, und sich einem Zustand der Einwilligung nähert, versichern Sie ihm, dass es sein Verhalten war, das Sie gestört hat, Sie ihn aber als Mensch nach wie vor schätzen und wertvoll finden. Das ist der Punkt, an dem Kinder lernen, dass es in Ordnung ist, Fehler zu machen, solange man die Verantwortung dafür übernimmt, für Entscheidungen einsteht und sein Verhalten entsprechend ändert. Eltern haben die Pflicht, das Verhalten ihrer Kinder zu korrigieren, zu erklären, warum es unakzeptabel war, und geeignete Verhaltensalternativen aufzuzeigen. Ein Kind zu bestrafen, ohne Erklärung wofür und warum, ist kein Weg. Erwachsenen aus Ihrer vertrauten Gruppe sollten Sie alle Ihre Gedanken und Gefühle mitteilen, die Luft reinigen und der Person dann bestimmte Absichtserklärungen oder Versprechen über ihr zukünftiges

Verhalten abverlangen. Dann können Sie anfangen, die Vertrauensbasis zwischen Ihnen neu aufzubauen.

Im Umgang mit Personen, zu denen Sie nur gelegentlich Kontakt haben, verfolgt Ihr Streben, diese in einen Zustand der Einwilligung zu führen, ein anderes Ziel. In diesem Fall geht es primär darum zu verhindern, dass Sie selbst und Personen, die Ihnen nahe stehen, zu Opfern werden. Sobald jemand realisiert, dass Sie seine Täuschungsversuche durchschauen und nicht bereit sind, ihm auf den Leim zu gehen, ändert sich Ihr Verhältnis. Wenn der Täuscher glaubt, ohne Lügen und Unehrlichkeit nicht an sein Ziel zu kommen, sucht er sich ein anderes Opfer. Wenn er seinen Kurs ändert und fortan ehrlich zu Ihnen ist, wird die Interaktion zwischen Ihnen dadurch gesünder und stärker.

Hier ein Beispiel, wie sich diese Dynamik im Alltag darstellen kann. Nehmen wir an, Sie hatten einen kleinen Autounfall, an dem Sie nicht schuld waren. Der andere Fahrer schlägt vor, die Reparatur aus eigener Tasche zu bezahlen, damit seine Versicherung nicht teurer wird. Er bietet Ihnen eine Summe an, die, wie sich herausstellt, mehrere Hundert Euro unter den tatsächlichen Reparaturkosten liegt. Auf Ihre Frage, wie er auf diese Summe gekommen sei, antwortet er, ein Freund von ihm besitze eine Autowerkstatt, und dort würden die Reparaturen zu diesem Preis ausgeführt. Sie suchen die Werkstatt auf, die wenig vertrauenswürdig auf Sie wirkt. Als Sie dem Schadensverursacher am Telefon von Ihren Eindrücken erzählen, versichert er Ihnen, alles habe seine Richtigkeit. Doch Sie sind argwöhnisch geworden und haben selbst einen Kostenvoranschlag eingeholt. Die angebotene Summe ist absurd niedrig, selbst wenn man berücksichtigt, dass der Werkstattbesitzer seinem Freund einen Gefallen tut. Sie behalten Ihren vorsichtigen Kurs bei, ohne den anderen Fahrer der Lüge zu bezichtigen. Stattdessen insistieren Sie, dass sein Vorschlag für Sie nicht in Frage kommt, er müsse sich eine Alternative überlegen. Das ist der Zeitpunkt, zu dem der Fahrer gesteht, sein Freund habe geplant, nur die notwendigsten Reparaturen auszuführen und den Rest zusätzlich in Rechnung zu stellen. Kurz: Er hat Sie von Anfang an zu täuschen versucht, was ihm nicht geglückt ist, weil Sie auf der Hut waren.

Verbale Signale der Einwilligung

Drei Kategorien von Kommentaren indizieren, dass eine Person sich emotional und intellektuell einem Zustand der Einwilligung nähert. Sie alle sind dem Wesen nach etwas unterschiedlich, und wir bezeichnen sie als Bestrafungs-Anfrage, Dritte-Person-Aussage und Wiedergutmachungs-Offerte – willkürlich

> **Eine Bestrafungs-Anfrage ist die Frage nach der Bestrafung, mit der ein unangemessenes Verhalten vermutlich geahndet werden wird.**

gewählte Bezeichnungen, die veranschaulichen sollen, worum es im Kern geht.

Eine Bestrafungs-Anfrage ist die Frage nach der Bestrafung, mit der ein unangemessenes Verhalten vermutlich geahndet werden wird. Angenommen Sie sind Lehrer und haben den Verdacht, dass einer Ihrer Schüler bei einer schriftlichen Prüfung geschummelt hat. Sie konfrontieren ihn mit Ihren „Beweisen" – den gleichen falschen Antworten wie sein Nachbar, demselben Fehler in einer mathematischen Gleichung, vielleicht sogar einem neben seinem Pult gefundenen Spickzettel. Nach einigen Minuten der Argumentation merkt Ihr Schüler, dass es kein Entkommen für ihn gibt. Er stellt dann beispielsweise folgende Fragen:

- „Bin ich jetzt durchgefallen?
- „Werden Sie meine Eltern verständigen?"

- „Muss ich vor den Schulausschuss?"
- „Fliege ich etwa von der Schule?"
- „Darf ich die Prüfung wiederholen?"

> **In der Dritten-Person-Aussage tut der überführte Täuscher so, als habe nicht er, sondern eine unbekannte dritte Person die fragwürdige Handlung begangen.**

Wenn Sie einen Ihrer Mitarbeiter erwischen, der zu viele Überstunden aufschreibt, hören Sie vermutlich etwas in der Art:

- „Bekomme ich jetzt eine Abmahnung?"
- „Kann mich das meinen Job kosten?"
- „Verlängert das meine Probezeit?"
- „Werden meine Kollegen informiert?"
- „Wird der Vorfall in meinem Zeugnis erwähnt?"

All diese Fragen möchten etwas über die zu erwartende Bestrafung in Erfahrung bringen.

Das nächste verbale Einwilligungssignal nennen wir „Dritte-Person-Aussage": Der überführte Täuscher tut, als habe nicht er, sondern eine unbekannte dritte Person die fragwürdige Handlung begangen. Seine Ausflüchte klingen etwa so:

- „Ich war es nicht, aber ich übernehme die Verantwortung, damit wir diese Affäre hinter uns lassen können."
- „Ich nehme die Schuld auf mich – scheinbar können wir unser Leben nur so normal fortsetzen."
- „Würdest du dich besser fühlen, wenn ich dir sagte, ich hab's getan?"
- „Soll ich etwa lügen und behaupten, dass ich es war?"
- „Du willst doch nicht etwa, dass ich etwas zugebe, das ich nicht getan habe, oder?"

Die letzte Kategorie steht unter dem Oberbegriff „Wieder-gutmachungs-Offerte". Diese Aussage erweckt den An-schein, als glaube die Person, mit einer guten Tat die schlechte auslöschen zu können. Sie sucht nach einer Mög-lichkeit, den Schaden wiedergutzumachen, um das Kapitel endgültig abzuschließen. Die Baufirma, die Ihr Haus ge-baut, oder Ihre sechsjährige Tochter, die die TV-Fernbedie-nung kaputt gemacht hat – man trifft im Alltag ständig auf „Wiedergutmacher", die Dinge sagen wie:

- „Wir haben keinen Fehler beim Bau des Daches gemacht, aber wir sind bereit, für einen Teil des Schadens aufzu-kommen."
- „Mein Sohn gehört nicht zu den Vandalen, die mehrere Autos beschädigt haben, trotzdem helfe ich, die Kosten zu tragen."
- „Obwohl ich es nicht kaputt gemacht habe: Darf ich ver-suchen, es wieder zusammenzukleben?"
- „Ich habe ihr Schweizer Messer nicht verloren, aber ich versuche, ein anderes für sie zu finden."
- „Ich lasse meine Klage einfach fallen – dann können wir das Ganze vergessen."

Nonverbale Signale der Einwilligung

Bei der Interpretation nonverbaler Ein-willigungssignale müssen Sie äußerst vorsichtig sein, weil diese leicht mit den körpersprachlichen Signalen für Depression zu verwechseln sind. Ach-

> **Einwilligung ist leicht mit Niedergeschlagen-heit zu verwechseln.**

ten Sie wie immer auf Verhaltensgeflechte, die Ihre Diag-nose unterstützen, sowie auf verbale Signale zur Bestäti-gung Ihrer These.

Es gibt eine bestimmte Veränderung des Augenkontakts, aus der ein Umschwung der mentalen und emotionalen Befindlichkeit abgeleitet werden kann. Wie immer ist es wichtig, zuerst das beständige oder normale Augenkontaktverhalten der Person herauszufinden, um signifikante Abweichungen erkennen zu können. Achten Sie darauf, ob die Person zu einem Zeitpunkt Ihrer Unterhaltung ihre Augen zum Himmel aufschlägt – entweder nur flüchtig oder für einen längeren Moment. Dabei werden der ganze Kopf und das Gesicht in Richtung Himmel gedreht. Ich nenne dieses körpersprachliche Signal das „Gnadengesuch" – ein Verhaltensgeflecht, das besonders relevant ist, wenn die Gesprächspartner über ein wichtiges Thema unterschiedlicher Meinung waren.

Die Person, die emotional und mental auf Widerstand programmiert war, merkt allmählich, dass sie sich in der schwächeren Position befindet. In Konversationen über allgemeine oder triviale Themen sieht man dieses Verhalten normalerweise nicht – das Gespräch muss sehr persönlich geartet sein. In polizeilichen Vernehmungen kündigt es meist ein Geständnis an. Das Nachobendrehen von Kopf und Augen ist teilweise auch ein Versuch, das Fließen von Tränen zu verhindern. Wenn ich in einer Befragung Zeuge eines solchen Verhaltensgeflechts werde, weiß ich, dass es Zeit ist, meinen Mund zu halten und mich auf das Zuhören zu konzentrieren. Dasselbe sollten Sie tun, wenn ein Freund oder Familienmitglied in einem intensiven, an die Nieren gehenden Gespräch mit einem Mal seinen Blick gen Himmel richtet. Geben Sie ihm die Gelegenheit, seine Gedanken auszudrücken, und Sie werden feststellen, dass er seine Position in dem Konflikt, der zwischen Ihnen schwelte, geändert hat. Begegnen Sie der Person mit viel Geduld, damit sie Ihnen in Ruhe ihre Gedanken und Gefühle auseinander legen kann.

Die Augen halten noch andere Informationen bereit. Wenn Sie zum Beispiel sehen, dass jemand deutlich seltener blinzelt als normalerweise, bedeutet das, er hängt seinen Gedanken nach oder ist in einen inneren Dialog verstrickt. Die Wahrscheinlichkeit, dass er dem, was Sie sagen, große Aufmerksamkeit schenkt, ist gering. Die Person ist entweder in ihren eigenen Gedanken verloren oder grübelt über eine bestimmte Äußerung nach. Umgekehrt könnten Sie beobachten, dass jemand anfängt, sehr langsam zu blinzeln, und wenn Sie gut aufpassen, bemerken Sie, dass er sein Blinzeln unbewusst an Ihr Sprechtempo anpasst. Beispielsweise blinzelt er, wenn Sie in Ihren Ausführungen innehalten, einen Satz oder Gedanken abschließen. Das ist ein Zeichen, dass die Person nun auf Ihre „Frequenz" geschaltet hat und, alles, was Sie sagen, sorgfältig aufnimmt und verarbeitet. Herzlichen Glückwunsch! Ihr Freund, Kollege oder Sohn wird sich in Kürze mit Ihnen und Ihrem Standpunkt einverstanden erklären.

Ein Senken oder Vorrollen der Schultern begleitet Phasen der Depression, Verleugnung, des Zorns oder des Verhandelns. Doch das Vorrollen der Schultern kann auch ein Zeichen sein, dass der Zustand der Einwilligung erreicht wurde. Angenommen, Sie und ich haben eine erregte Diskussion geführt und unsere gegensätzlichen Standpunkte rechthaberisch und mit Vehemenz vertreten. Wenn Sie nun sehen, dass meine Schultern nach vorn rollen, können Sie daraus schließen, dass ich einen Punkt erreicht habe, an dem ich bereit bin, mich Ihrem Standpunkt unterzuordnen. In polizeilichen Vernehmungen suggeriert dieses Kollabieren der Schultern, dass der Befragte kurz davor ist, die Tat zu gestehen oder zumindest mit dem Ermittler zu kooperieren. Wieder sollten Sie sich daran erinnern, dass eine isolierte Verhaltensweise allein nichts beweist – Sie benötigen weitere verbale und nonverbale Signale zur Unterstützung Ihrer

Deutung. Genauso gilt, dass ein Signal individuell unterschiedliche Bedeutung besitzen kann und nicht jeder dieselben Signale verwendet. Achten Sie auf Abweichungen von der für die jeweilige Person etablierten Verhaltenskonstante.

Ein praktisches Beispiel, wie die Kombination verbaler und nonverbaler Signale Einwilligung anzeigen kann: Ich habe den Gebrauchtwagenverkäufer im Verdacht, nicht ehrlich zu mir gewesen zu sein, was die Vorgeschichte des an mich verkauften Fahrzeugs betrifft. Wenige Wochen nach dem Kauf des Wagens merke ich, dass bei Regen Wasser durch die Windschutzscheibe sickert. Ich erfahre, dass mein Auto beim Transport beschädigt und der Schaden nur notdürftig behoben wurde. Daraufhin beschwere ich mich beim Verkäufer. Während unserer Unterredung bestreitet er, gewusst zu haben, dass etwas mit dem Wagen nicht in Ordnung war, obwohl er mir in einem früheren Gespräch erklärt hatte, jedes Fahrzeug persönlich zu inspizieren. „Ich würde Sie in keinen Wagen setzen, den ich nicht guten Gewissens meiner eigenen Mutter verkaufen würde. Niemals würde ich wissentlich ein beschädigtes Auto verkaufen!" – das waren seine Worte. Als es den Anschein hat, als würde unsere zähe Unterredung in eine Sackgasse münden, zeige ich ihm einen Ausweg auf, indem

> **Vermeiden Sie es, den Stresspegel Ihres Gesprächspartners zu erhöhen.**

ich einräume, bestimmt sei die poröse Windschutzscheibe übersehen worden, denn ein seriöser Geschäftsmann wie er hätte sich des Problems sonst mit Sicherheit angenommen. Daraufhin lehnt er sich in seinem Stuhl nach vorn, streckt seine Arme mit nach oben gedrehten Handflächen vor sich aus und sagt: „Ich bin sicher, dass wir keinen Schaden an dem Wagen festgestellt haben; trotzdem würden wir uns gern um die Sache kümmern und die Windschutzscheibe auf unsere Kosten ersetzen." Begleitet wird seine Dritte-Person-Aussage von einem Sinken der Schultern.

Bei den nächsten vier Reaktionsverhalten handelt es sich um Stadien, die in der Regel durchlaufen werden müssen, bevor der Gesprächspartner in den Zustand der Einwilligung eintritt. Diese Reaktionsverhalten bedeuten noch nicht, dass Sie es mit einer Täuschung zu tun haben, sondern nur, dass die Person sich durch das diskutierte Thema oder durch den Verlauf, den Ihre Unterhaltung nimmt, unter Stress gesetzt fühlt. Vermeiden Sie es, ihren Stresspegel zu erhöhen. Ermöglichen Sie ihr stattdessen einen Weg in die Einwilligung und schaffen Sie eine Plattform, auf der Sie beide offen und ohne Vorbehalte kommunizieren können.

Verhandeln

Das Verhandeln ist ein Versuch, die Realität zu verschleiern, und somit eine sanfte Form der Täuschung. Wir möchten unser Image verbessern, unser Handeln in einem vorteilhafteren Licht darstellen, damit wir unsere Ziele leichter

> **Verhandeln ist eine sanfte Form der Täuschung, aber nicht weniger gefährlich.**

erreichen. Wir suchen nach Parallelen zwischen der anderen Person und uns selbst, damit diese sich auf einer persönlichen Ebene mit uns identifiziert und es ihr künftig schwerer fällt, uns oder unser Handeln zu verdammen.

Ein Beispiel: Ich möchte unbedingt einen Job bei einer Firma, die sich vor kurzem in meiner Stadt niedergelassen hat. Obwohl ich weiß, dass ich weder über den notwendigen Collegeabschluss noch über das gewünschte Maß an Erfahrung verfüge, fülle ich den Bewerbungsbogen aus. In die

Spalte, die nach meinem Wohnsitz während der letzten zehn Jahre fragt, trage ich die Adresse meiner Eltern ein. Im nächsten Abschnitt geht es um meine Ausbildung. Ich schreibe, dass ich Betriebswirtschaft studiert und Ergänzungskurse belegt habe. Als Berufserfahrung gebe ich an, fünf Jahre in einem Fortune-500-Unternehmen und danach sieben Jahre lang als selbstständiger Berater für die US-Regierung in Kentucky und Florida gearbeitet zu haben. Ich füge hinzu, momentan ebenfalls beim Staat unter Vertrag zu stehen – eine Verpflichtung, aus der ich in vier Monaten befreit würde. Nach meinen persönlichen Zielen befragt schreibe ich, dass ich sehr gern wieder Teil eines Unternehmens sein wolle, um dort die mir in den sieben Jahren meiner Selbstständigkeit angeeigneten Fähigkeiten produktiv einzubringen. Klingt nicht übel, was? Ich habe mich als gebildet und berufserfahren dargestellt – ein „Selfmademan" mit Eigeninitiative und Sachkenntnis.

Die dechiffrierte Version meiner Bewerbung liest sich völlig anders. Ich benutze die Adresse meiner Eltern, obwohl ich nicht wirklich dort gelebt habe. Ja, ich habe Betriebswirtschaft studiert, habe sporadisch einige Seminare besucht – immatrikuliert war ich nie und einen Abschluss habe ich erst recht nicht gemacht. Ich habe tatsächlich im Einkauf eines Fortune-500-Unternehmens gearbeitet und 35.000 Dollar veruntreut. Meine sieben Jahre „als selbstständiger Berater der US-Regierung in Kentucky und Florida" verbrachte ich wegen Unterschlagung und Betrugs in den dortigen Staatsgefängnissen. Der Vertrag, den ich momentan mit dem Staat habe, verpflichtet mich zu fünfhundert Stunden gemeinnütziger Arbeit, die mir als Bedingung für die Aussetzung meiner Reststrafe aufgebrummt wurden. Alle Achtung! Nicht schlecht frisiert, meine Bewerbung, was? Obwohl es in der Praxis kaum funktionieren dürfte, zeigt dieses Beispiel, wie die Realität kreativ verhandelt werden kann.

Für den Umgang mit Verhandlern gibt es mehrere Regeln. Erstens sollte man sich vor Augen führen, dass es sich beim Verhandeln eigentlich um ein Ausweichen und Verschleiern handelt, das genauso den Tatbestand einer Täuschung erfüllt wie eine direkte Lüge. Zweitens enthält die Aussage des Verhandlers immer ein oder zwei wahre Punkte, die allerdings so frisiert wurden, dass sie vorteilhafter klingen. Die richtige Reaktion des Zuhörers ist, den Sprecher in aller Ruhe sein Gespinst der Verschleierung weben zu lassen, wissend, dass seine Geschichte irgendwo einen wahren Kern hat. Hören Sie seiner polierten Darstellung von sich selbst und seinen Taten eine Weile zu, ja tun Sie sogar, als spielten Sie mit in seiner Scharade. Sobald der Sprecher glaubt, Ihnen seine Version der Geschichte verkauft zu haben, holen Sie ihn auf den Boden der Tatsachen zurück, indem Sie hartnäckige, detailorientierte Fragen zum Auffüllen der Ihnen aufgefallenen Lücken stellen. Weisen Sie auf Widersprüche hin, erbitten Sie fehlende Informationen, fordern Sie ihn auf, verschwommene Aussagen zu konkretisieren – damit setzen Sie seine Verhandelnsstrategie erfolgreich außer Kraft.

Der Verhandler treibt sein Spiel häufig mit dem Hintergedanken, Ihre Sympathie zu erobern, um später aus der sich zwischen Ihnen entwickelnden Beziehung Profit zu schlagen. Sollten Sie irgendwann eine Täuschung vermuten, scheuen Sie sich, Ihrer Intuition zu vertrauen, weil Sie das Gefühl haben, damit einen Freund zu verraten. Dieser Trick wird häufig im Rahmen so genannter „soft sell"-Verkaufsmethoden verwendet. Der Verkäufer bemüht sich, Ihre persönlichen Vorlieben und Ziele kennen zu lernen und mit Ihnen zu besprechen. Diese Ziele nimmt er dann als Gründe, warum Sie ihm sein Produkt abkaufen sollen. Wollen Sie das nicht, impft er Ihnen Schuldgefühle ein. Haben Sie den armen Verkäufer etwa an der Nase herumgeführt, nachdem er Ihnen so viel Zeit gewidmet und sich so sehr eingesetzt hat, damit Sie genau das bekommen, was Sie wollen? Und jetzt wollen Sie es doch nicht? Wenn seine Taktik aufgeht, fühlen Sie sich zum Kauf verpflichtet, weil Sie sich sonst wie ein schlechter Mensch vorkämen.

Was ist wirklich passiert? Der Verkäufer hat seinen emotionalen Input in Ihre Beziehung verzerrt dargestellt. Er hat übertrieben, wie viel Zeit und Energie er aufgewendet hat, um Sie besser kennen zu lernen und über sein Produkt zu informieren. Und er hat Ihre Wünsche und Bedürfnisse übertrieben. Mit anderen Worten: Er hat die Wahrheit verhandelt, um Sie zu täuschen und ein eigennütziges Ziel zu erreichen – eine Provision zu kassieren. Jedes Mal, wenn Sie Aussagen hören, die übertrieben, beschönigt oder einfach anders klingen, als Sie sie in Erinnerung haben, seien Sie auf der Hut: Die Wahrscheinlichkeit ist groß, dass jemand Sie als Opfer eines Verhandlungsmanövers auserkoren hat, dessen Endziel eine handfeste Täuschung ist.

Verbale Signale des Verhandelns

Sie erinnern sich, dass Verhandeln ein Versuch ist, die Realität zu verschleiern. Ich versuche, die Handlungen, die ich begangen, oder die Rolle, die ich bei einer bestimmten Sache gespielt habe, in ein günstigeres Licht zu rücken. Der Gebrauchtwagenverkäufer in dem Beispiel oben streitet seine Rolle beim Verkauf des defekten Wagens nicht direkt ab, sodass seine Aussagen nicht ganz unwahrheitsgemäß sind.

Eine Methode, unsere unangemessenen Verhaltensweisen positiver darzustellen, ist die Verwendung positiverer –

„sanfterer" – Vokabeln für ihre Beschreibung. Aus „stehlen"
wird beispielsweise „borgen". Politiker oder andere öffentliche Personen, die gelogen haben, sagen, sie hätten sich
„falsch ausgedrückt" oder seien „nicht im Kontext zitiert"
worden; allenfalls haben sie die Öffentlichkeit „verwirrt".
Winkt uns ein Polizist wegen zu hoher Geschwindigkeit aus
dem Verkehr, „rasen" wir nicht etwa, sondern „passen uns
dem Verkehrsfluss an", „überholen ein anderes Auto", sind
„spät dran", haben einen „dringenden Termin" oder das
„Gaspedal klemmt". Kinder „prügeln" sich nicht, sie gestehen höchstens: „Ich habe ihm einen Schubs gegeben." Statt
die Tat abzustreiten, beschreiben die Verhandler sie mit
harmloseren Worten und Formulierungen, die dem Zuhörer
ein positiveres Bild liefern.

Zum Verhandeln gehören oft Antworten, die hinsichtlich
von Zahlen, Mengen, Zeiten oder anderen konkreten Informationen bewusst vage bleiben. Die Person hofft, dass diese
Anlass zu falschen Annahmen geben. Einige Beispiele für
Untertreibungen:

- „Es waren nur ein paar."
- „Wir haben nicht so viele geholt."
- „Es dauerte nur ganz kurz."
- „Es ist nicht sehr weit."
- „Es gab nur ein bisschen."
- „Ich habe nicht zu fest zugeschlagen."
- „Nur ein bisschen Lärm."
- „Wir sind nicht sehr schnell gefahren."
- „Es war nicht viel."

In diesen Beispielen für Verhandeln versucht die Person,
ihre Handlungen zu verniedlichen. In den folgenden Beispielen will sie erreichen, dass andere Menschen einen posi-
tiveren Eindruck von ihrem Charakter gewinnen. Wenn Sie

ihr das künstlich kreierte Image abkaufen, so ihre Hoffnung, sind Sie weniger geneigt, sie als schlechten Menschen mit schlechten Absichten zu sehen.

Buhlen um Sympathie

Im Gespräch in die Enge getrieben, beginnt jemand, um Ihre Sympathie zu buhlen. Er möchte als Opfer erscheinen – nicht als jemand, der unangemessen oder in böser Absicht gehandelt hat. Der Ehemann gibt zu, zu dem Partygast „ein bisschen zu freundlich" (harmlosere Formulierung für „flirten") gewesen zu sein, weil er ein paar Drinks zu viel intus hatte. Der wegen Unterschlagung verhaftete Buchhalter entschuldigt sich mit seinem „Drogenproblem". Ein wegen sexueller Belästigung abgemahnter Abteilungsleiter sagt, nichts dergleichen wäre passiert, „hätte mein Vater mich als Kind nicht so oft geschlagen". Egal was die Person getan hat – immer waren externe Umstände wie Krankheit, sozialer Druck oder Probleme in der Kindheit schuld an dem Vergehen. Wenn Sie ihr das glauben, entwickeln Sie Sympathie für sie und lassen mildernde Umstände gelten.

Religiöse Anleihen

Es gibt noch eine andere Methode, das Image, dass Sie von mir haben, zu korrigieren: Ich stelle mich als jemand dar, der einer höheren moralischen Instanz Genüge tut. Weil ich mich der Religion verschrieben habe, bin ich über normale menschliche Schwächen erhaben. Generell handelt es sich hierbei um Aussagen, die man von wirklich religiösen Menschen kaum hören würde. Wer wirklich gläubig ist, dessen Leben ist von Integrität und Ehrlichkeit geprägt, ohne dass er jemanden mit der Nase darauf stoßen muss. Ich denke nicht, dass der Papst je auf die Idee käme, zu sagen: „Gott ist mein Zeuge" oder „Das schwöre ich beim Leib Jesu".

Nachfolgend eine Liste mit Beispielen für religiös konnotierte Aussagen:

Religiöse Schwüre:

- „So wahr Gott mein Zeuge ist!"
- „Das schwöre ich auf die Bibel."
- „Möge Gott mich auf der Stelle erschlagen."
- „Heilige Maria und Josef."
- „Das schwöre ich beim Leib Jesu."
- „Ich schwöre auf das Grab meines Vaters."
- „Ich schwöre bei Gott, dem Allmächtigen."

Religiöse Verhaltensweisen oder Gegenstände:

- Zeigt oder bezieht sich auf die Bibel, unter Vermeidung des eigentlichen Themas.
- Zitiert religiöse Schriften.
- Verweist auf religiöse Talismane (Kruzifix, Rosenkranz, Heiligenbildchen).
- Zeigt Bilder biblischer Szenen oder Fotos religiöser Philosophen und Führer.
- Erwähnt Kirchenämter oder Positionen in religiösen Gemeinschaften.
- Bittet, mit Ihnen oder für Sie beten zu dürfen.
- Spricht über die eigenen religiösen Überzeugungen.
- Fragt nach Ihren religiösen Überzeugungen.

Ich betone nochmals, dass hier nicht die Rede von wirklich tief gläubigen Menschen ist. Wer wirklich gläubig ist, trägt seinen Glauben nicht wie ein Schild vor sich her, das seinen wahren Charakter versteckt. Die religiösen Anleihen, von denen wir sprechen, erfüllen eine einzige Funktion: vom eigentlichen Thema abzulenken.

Gruppenzugehörigkeit/Moralische Überlegenheit

Bei dieser verwandten Form des Verhandelns gehöre ich einer bestimmten Gruppe oder Vereinigung an, habe ein bestimmtes Ziel erreicht oder bin eine populäre öffentliche Person und möchte, dass Sie allein aus diesem Grund nichts von dem, was ich sage, anzweifeln oder in Frage stellen. Auch hier gilt wie im Abschnitt vorher: Wer moralische Integrität besitzt, muss diese nicht in Szene setzen, denn er praktiziert sie Tag für Tag. Nachfolgend eine Liste mit Aussagen, die die Zugehörigkeit zu einer bestimmten Gruppe betonen oder moralische Überlegenheit suggerieren sollen:

- „So wurde ich nicht erzogen.“
- „So ein Mensch bin ich nicht.“
- „Ich habe im Krieg gekämpft.“
- „Ein ehemaliger Pfadfinder würde so etwas nie tun.“
- „Ich bin ein loyaler Angestellter.“
- „Ich bin eine treue Ehefrau/ein treuer Ehemann.“
- „Ich bin ein Rotarier (oder Mitglied einer anderen Vereinigung).“
- „Mein Vater hat mich etwas anderes gelehrt.“
- „Zu so etwas würde ich mich nie herablassen.“

Besonders wenn die Person eloquent und überzeugend argumentiert, sind ihre Reden effektive Instrumente des Verhandelns. Ich kann meiner Freundin ein schlechtes Gewissen einreden, weil sie mich aushorcht, warum ich mein Versprechen, sie anzurufen, nicht gehalten habe. Der Freund Ihrer Tochter verhält sich höflich und anständig, solange Sie und Ihre Frau anwesend sind; trotzdem ist Ihr Verdacht, dass er zu Handgreiflichkeiten neigt, nicht unbegründet.

Hier zwei Beispiele, wie die Strategie des Verhandelns in der Praxis funktioniert. Der Bauunternehmer, den Sie für Ihren Hausanbau engagiert haben, machte einen sehr vertrauenswürdigen

> **Werden Sie misstrauisch bei Leuten, die um Ihre Sympathie buhlen.**

Eindruck. Er versprach, Ihr Projekt vorzuziehen und in zwei Wochen damit fertig zu sein. Er kennt sogar ein paar Ihrer Freunde im Rotarierclub. Er erwähnte, schon sein Vater sei in der Baubranche gewesen und habe sein Berufsethos an ihn weitergegeben. Doch Ihr positiver Eindruck ändert sich schlagartig, als Sie die schlampige Arbeit sehen, die er geleistet hat, und von den beim Gewerbeaufsichtsamt gegen ihn vorliegenden Beschwerden hören.

Ihre Firma erwägt die Anschaffung einer neuen Sicherheits-Software für ihr Computersystem. Ein in Frage kommendes Produkt wird von seinem Hersteller massiv beworben. Er informiert Sie, von seiner „Firewall" sei in unabhängigen Tests nachgewiesen worden, dass sie 95 Prozent aller Hacker-Angriffe erfolgreich abblockt. Ferner erklärt der Hersteller, vor seinem mit Promotion abgeschlossenen Studium Sicherheitsexperte bei der Polizei gewesen zu sein. Seinen Mitbewerbern, die behaupten, sein Produkt funktioniere nicht, sollen Sie keinen Glauben schenken – die seien nur neidisch auf seinen Erfolg. Später erfahren Sie unter Umständen, dass er bei der Polizei geflogen ist, wegen Betrugs verurteilt wurde oder seinen Doktortitel bei einem schäbigen Titelhändler gekauft hat. Vielleicht sollten Sie seine Behauptungen über das Produkt skeptisch beurteilen. Außerdem verstehen Sie jetzt, warum er zögerte, Sie mit früheren Kunden in Kontakt zu bringen, und nicht wollte, dass Sie sich bei seinen Mitbewerbern umhören.

Nonverbale Signale des Verhandelns

Den größten Erfolg haben Verhandler, die weiche Vokabeln und die erwähnten Verhandelnsphrasen mit den passenden nonverbalen Signalen verknüpfen. Verbale und nonverbale Signale unterstützen sich gegenseitig in ihrer Wirkung und ergeben zusammen ein effektives Verhandelnspaket.

Beispiele aus dem Alltag: Ihre Kinder buhlen um Ihre Sympathie und blicken Sie aus großen Augen Mitleid erregend an – ein Blick, bei dem Ihr Herz schmilzt. Ihr Kollege, der will, dass Sie seinen Dienst mit ihm tauschen, damit er zum Training kann, behandelt Sie wie einen Kumpel, klopft Ihnen auf die Schulter, lädt Sie in der Kantine ein und verspricht, für Sie einzuspringen, sollten Sie mal ein langes Wochenende planen. Auf seine Versprechungen dürfte genauso viel Verlass sein wie auf ihn. Durchschauen Sie sein Spiel, damit Sie nicht, wie zweifellos andere Kollegen vor Ihnen, darauf hereinfallen.

Übertriebene Nettigkeit

Eine Person, die Sie getäuscht hat oder zu täuschen plant und hofft, dass Sie ihr nicht auf die Schliche kommen, verhält sich oft übertrieben nett und höflich. Das bedeutet nicht, dass ein normal höflicher Umgang oder ein angemessenes Sozialverhalten grundsätzlich Tarnung sind, sondern nur, dass Sie bei falscher, schmieriger Höflichkeit hellhörig werden sollten, speziell wenn diese dazu dient, vom eigentlichen Thema abzulenken. Es gibt Menschen, die sich hinter aufgesetzter Wärme und Freundlichkeit verstecken, um keine Verantwortung für ihr Verhalten übernehmen zu müssen.

Beobachten Sie kleine Kinder, wenn Weihnachten oder ihr Geburtstag näher rückt. Ist es nicht verblüffend, wie artig sie sein können oder wie sie ohne Murren ihr Zimmer aufräumen, in der Hoffnung, damit ihr wenig glänzendes Betragen den Rest des Jahres über wettzumachen? Erwachsene, die dieses Spiel spielen, erkennt man oft daran, dass sie Sie mit Lob und Komplimenten förmlich überschütten. Wenn sich eine Person ständig bei Ihnen einschmeichelt und Ihnen Honig ums Maul schmiert, dann unter Umständen mit der Absicht, dass Sie sich ihr in Zukunft verpflichtet fühlen und es ihr nachsehen, wenn ihre Leistung unter Ihren Erwartungen bleibt.

Ein weiteres Beispiel ist die Verkäuferin, die Sie permanent am Ärmel packt oder Ihre Hand berührt, wenn sie Ihnen etwas zeigen möchte, und geradezu nervtötend freundlich ist. Ihr Lächeln ist eine Spur zu dick aufgetragen. Um den Eindruck zu erwecken, Ihnen jeden Wunsch von den Lippen abzulesen, neigt sie, während sie Ihnen zuhört, ihren Kopf mit gespielter Aufmerksamkeit zur Seite. Sie nickt unablässig zur Bestätigung dessen, was Sie sagen. Ihre gesamte Mimik wirkt überladen und aufgesetzt. Eine begnadete Verhandlerin! Verkäuferinnen, die es schaffen, dass ihre Kunden sie sympathisch und liebenswert finden, können ihnen alles verkaufen!

Verleugnung

Verleugnung bedeutet die Ablehnung der Realität. 90 Prozent aller Täuschungen finden in diesem Reaktionszustand statt. Damit ihre Strategie Erfolg hat, muss die Person sich und die Menschen in ihrem Umfeld davon überzeugen, dass das, was alle für die Realität oder Wahrheit halten, in Wirklichkeit eine Farce oder falsche Wahrnehmung ist. Ihre Diktion lautet etwa so: „Wovon jeder meint, es sei die Wahrheit, ist es nicht, aber verlass dich auf mich: Die echte Wahrheit

> **Verleugnung bedeutet die Ablehnung der Realität.**

erfährst du von mir. Solange du mir zuhörst und glaubst, was ich dir sage, ist alles in Ordnung." Ob die Täuschung funktioniert oder nicht, hängt von dem Talent des Verleugners ab. Er muss sich selbst und alle anderen dazu bringen, die Wahrheit zu ignorieren und seine Darstellung der Fakten zu akzeptieren. Das bedeutet eine Menge Arbeit, denn seine Verleugnung verlangt ständige Nahrung und Aufmerksamkeit.

Der Verleugnung liegt ein Paradoxon zugrunde. Damit sie funktioniert, deutet der Verleugner explizit auf das, was alle für die Wahrheit halten, um sie sofort zu korrigieren und eines Besseren zu belehren. Dadurch lenkt er ihre Aufmerksamkeit exakt auf das, was er sie zu ignorieren auffordert.

Nehmen wir die Sonne als Beispiel. Sie scheint nicht tagsüber. Sie erzeugt kein helles Licht, in dem wir unsere Umwelt klar wahrnehmen können, und wärmt weder die Luft noch uns. Sie bringt keine Pflanzen zum Wachsen, keine Blumen zum Blühen, sie bräunt nicht meine Haut und trocknet nicht die Wäsche auf der Leine. Falls Sie dachten, die Sonne würde all diese Dinge tun, lagen Sie gründlich daneben; wenn Sie mir zuhören, sage ich Ihnen, was wirklich passiert, denn die Sonne hat mit dem Tag-Nacht-Rhythmus nichts zu tun.

Dieses Beispiel ist zugegeben banal und überzeichnet, illustriert aber den Mechanismus, über den das Verleugnungsverhalten funktioniert. Bestimmt ist es Ihnen aufgefallen: Während ich die Existenz der Sonne leugne, lenke ich die Aufmerksamkeit gleichzeitig auf all die Argumente, die für ihr Vorhandensein sprechen.

Wichtig ist, dass jeder, einschließlich ich selbst, meine Version der Realität glaubt. Sollten Sie auch nur die geringsten Zweifel zeigen, strenge ich mich desto mehr an, Sie von meiner Version zu überzeugen. Sobald Sie erste Anzeichen äußern, sich meiner Sichtweise anzuschließen, gibt mir das Vertrauen und Zuversicht, den Konsequenzen meines Verhaltens zu entrinnen. Jeder noch so kleine Sieg stärkt meine Position. Greift jemand einen Teil meines komplexen Verleugnungsgebäudes an, widme ich mich diesem geschwächten Bereich mit desto größerer Energie, damit ich keine Verantwortung für mein Verhalten übernehmen muss. Auch hier wird wieder offensichtlich, dass ich die echte Wahrheit kennen muss, um mein Verleugnungsverhalten konsequent durchziehen zu können. Um überzeugend zu sein, muss der Verleugner selbst glauben, was er anderen als Wahrheit serviert. Trotzdem scheint die echte Wahrheit natürlich zwischendurch immer wieder mal durch und verunsichert den Täuscher, auch wenn er gerade anfing, sich sicher zu fühlen. Das fragile Konstrukt der Verleugnung verlangt sehr viel Energie und Wartungsarbeit, wenn es erfolgreich aufrechterhalten werden soll.

Wir haben uns mit den Kennzeichen des Verleugnens beschäftigt und mit dem Paradoxon, dass ich explizit auf die Fakten der Realität aufmerksam machen und dann mich und andere davon überzeugen muss, dass sie nicht wirklich existiert oder etwas anderes bedeutet als das, was alle glauben. Die einzige Möglichkeit, wie ich als seine Zielscheibe gegen den Verleugner vorgehen kann: indem ich zum Gegenschlag aushole, ihm die Realität buchstäblich um die Ohren haue! Ihm sämtliche Fakten und Realitätsfragmente, deren Existenz er bestreitet, unbarmherzig vor Augen führe, um ihm klarzumachen, dass ich genau weiß, was die Realität ist und was nicht. Diese Form der Gegenattacke nimmt dem Verleugner schnell den Wind aus den Segeln.

Dabei muss ich Wert darauf legen, dass meine Attacke für die Persönlichkeit des Täuschers maßgeschneidert ist. Stufe ich ihn als emotionsgesteuerte Persönlichkeit ein, richtet sich meine Attacke primär an seine Emotionen. Mit emotionsgesteuert meine ich Menschen, die sehr sensibel auf ihre Umwelt reagieren oder ihr Herz auf der Zunge tragen. Einer solchen Person gegenüber verweise ich hauptsächlich auf die persönliche Relevanz der Realitätsfakten. Meine Argumente lege ich geduldig und geordnet dar, ohne meinen Gegner mit zu vielen Fakten zu überfordern und vor allem ohne Anflüge von Ungehaltenheit oder Aggressivität. Ich möchte, dass die Person sich früher oder später verpflichtet fühlt, mir die Wahrheit zu sagen. Mit anderen Worten: Appellieren Sie an ihre Schuldgefühle!

Komme ich zu dem Schluss, dass es sich bei dem Täuscher um eine sensorisch gesteuerte Persönlichkeit handelt, nehme ich kein Blatt vor den Mund und will die Sache schell und ohne Umschweife hinter mich bringen. Da solche Menschen meist starke Persönlichkeiten, extrovertiert und überzeugend sind, schätzen sie es, wenn man ihnen auf derselben Ebene begegnet. Meine Strategie ist direkt, unverblümt und zielgerichtet. Geben Sie sich geschäftsmäßig und neutral – Persönliches bleibt außen vor. Bedienen Sie sich keiner Argumente, die Sie nicht hieb- und stichfest belegen können. Leisten Sie sich keine Schwächen, denn die Herausforderung, mit Ihnen ein Streitgespräch über Realität und Wahrheit zu führen, nimmt diese Person mit Vergnügen an! Verteidigen Sie Ihren Standpunkt, aber versuchen Sie nicht, Ihr Gegenüber einzuschüchtern oder zu bluffen – beides wird nicht funktionieren.

Einer logikgesteuerten Person lege ich meine Argumente hübsch nacheinander und haarklein dar. Sie fühlen sich wie in einer hochkarätigen Schachpartie: Jeder Zug ist klug überlegt, nichts geschieht aus dem Bauch heraus. Dieser Person müssen Sie beweisen, dass die Logik bestimmt, was Wahrheit und was Fiktion ist, und wenn Ihre Argumentation vernünftig ist, wird sie mit Ihnen übereinstimmen. Seien Sie nicht überrascht, wenn Sie nur wenige körpersprachliche

Signale von ihr empfangen, denn diese Person gerät durch Ihre alternative Sichtweise der Wahrheit weniger in Rage oder unter Stress als andere Täuschertypen.

Bin ich der Meinung, dass es sich um eine egogesteuerte Person handelt, komme ich ihr erst dann mit den Fakten, nachdem sie versucht hat, diese zu leugnen. Diese Person mag es nicht, mit Details überfrachtet zu werden. Außerdem gefällt es ihr nicht, mit der Realität ihrer Handlungen konfrontiert zu werden und deren Unangemessenheit zugeben zu sollen. Sie bemüht sich sehr, das Image zu verteidigen, das sie für sich gebastelt hat. Im Umgang mit egogesteuerten Täuschern können Sie nur hoffen, nicht übers Ohr gehauen zu werden und ihrem Charme nicht zu verfallen, denn sie verfügen oft über eine einnehmende, ja charismatische Persönlichkeit. Diese Aura und der starke Einfluss, den sie entwickeln können, verführt häufig dazu, die Fehler und Schwächen der Egomanen zu übersehen.

Am effektivsten setzen Sie sich gegen Verleugnungsversuche zur Wehr, indem Sie mit der Realität zurückschlagen. Sie können niemanden davon abhalten, dass er Sie zu belügen versucht, aber Sie können immer wieder aufs Neue verhindern, dass er Erfolg damit hat. Damit erreichen Sie entweder, dass der Täuscher sich ein anderes Opfer sucht, wenn er realisiert, dass er Sie mit seinen Täuschungsmanövern nicht manipulieren kann. Oder er merkt, dass es viel besser ist, Ihnen offen und ehrlich zu begegnen, sofern Sie umgekehrt dasselbe tun. Das ist Ihr oberstes Ziel: die Entwicklung und Pflege von Freundschaften oder Beziehungen, die auf gegenseitigem Respekt, Vertrauen und Aufrichtigkeit basieren.

Verbale Signale der Verleugnung

An früherer Stelle habe ich erwähnt, dass die kognitive Komponente des Täuschens im Verleugnungsverhalten voll zum Zuge kommt. Die folgenden verbalen Symptome unterstreichen die Tatsache, dass der Verleugner aktiv Gedankengänge konstruiert, die ihn selbst und den Zuhörer täuschen sollen.

Gedächtnislücken

Jeder vergisst hin und wieder etwas, während uns Ereignisse, die wir als bedeutend einstufen, nur sehr selten entfallen. Nicht viele von uns erinnern sich, was sie heute vor einer Woche zu Mittag gegessen haben. Aber hätten wir auch vergessen, wenn uns eine prominente Persönlichkeit dabei Gesellschaft geleistet hätte? An was wir uns erinnern, hängt nicht zuletzt davon ab, wer das von uns wissen will. Es ist also notwendig, als Erstes einzustufen, wie bedeutend die Information oder das Ereignis ist, auf das sich die Frage bezieht. Ist es relevant genug, dass man sich unter normalen Umständen daran erinnern würde? Diese Ausrede wird bei polizeilichen Vernehmungen gern verwendet. Wenn Sie jemanden über einen hinreichend bedeutenden Vorfall in der jüngeren Vergangenheit befragen und eine der folgenden Antworten erhalten, sollten Sie nach zusätzlichen Indikatoren für einen Täuschungsversuch Ausschau halten.

- „Ich erinnere mich nicht."
- „Ist mir entfallen."
- „Nicht dass ich wüsste."
- „Keine Ahnung, weiß ich nicht mehr."
- „Das habe ich vergessen."
- „Da lässt mich mein Gedächtnis im Stich."

- „Ich kann mich beim besten Willen nicht erinnern."
- „Da versagt meine Erinnerung."

Marker

Diese Ausdrücke werden immer dann verwendet, wenn die Person sich selbst und den Zuhörer von etwas überzeugen möchte. Wie die Bezeichnung bereits ausdrückt, zeigen diese Begriffe wie ein Pfeil oder Schlaglicht auf den Teil der Aussage, dem gegenüber Sie skeptisch sein sollten. Vergessen Sie nicht, dass die Verwendung einer dieser Ausdrücke allein noch keine Täuschung impliziert. Solange kein entsprechendes Verhaltensgeflecht oder eine Abweichung vom beständigen Verhalten der Person vorliegt, besteht kein Grund zu Argwohn.

Wie immer enthält diese Liste nur eine kleine Auswahl an typischen Markern.

- „Hab Vertrauen zu mir."
- „Warum sollte ich lügen?"
- „Um die Wahrheit zu sagen."
- „Ehrlich" oder „ehrlich gesagt."
- „Wenn ich aufrichtig sein soll."
- „Wirklich."
- „Offen gestanden."
- „Ich könnte dich nie anlügen."
- „Wenn Sie die hundertprozentige Wahrheit hören wollen."
- „Ich sage Ihnen die Wahrheit."
- „So wahr ich hier stehe."
- „Ich habe keinen Grund zu lügen."
- „Ich belüge Sie nicht."
- „Um absolut ehrlich zu sein."
- „Wenn ich ganz aufrichtig bin."
- „Lassen Sie mich ehrlich zu Ihnen sein."

Modifikatoren

Diese Vokabeln und Floskeln sind wie Schlupflöcher in einem Vertragstext. Beim ersten Hören eines Satzes registriert man sie kaum. Sobald man sie bemerkt, durchschaut man ihre Funktion, der Person ein Hintertürchen offen zu lassen. Ein typisches Beispiel aus Politikermund: „Zum jetzigen Zeitpunkt habe ich keinerlei Absicht, der hart arbeitenden Mittelschicht höhere Steuern aufzubürden." Beim zweiten Lesen des Satzes fällt Ihnen sofort die Floskel „zum jetzigen Zeitpunkt" ins Auge. Aha, und wie sieht die Situation morgen, nächsten Monat oder nächstes Jahr aus? Prüfen Sie, ob Sie die Modifikatoren in den folgenden Beispielen erkennen:

- „Ich will Sie nicht verwirren, aber …"
- „Diesen Fehler begehe ich äußerst selten."
- „Das mache ich so gut wie nie."
- „Ich war praktisch den ganzen Abend zu Hause."
- „Im Prinzip ist das alles, was geschah."
- „Er tut das fast nie."
- „Die meiste Zeit funktioniert das."
- „Ich denke nicht, dass ich dazu imstande gewesen wäre."
- „Das klingt seltsam, aber …"
- „Normalerweise klappt das pünktlich."
- „Er war irgendwie …"

Blocker

Die Verwendung von Blockern ist eine sehr starke Form der Verleugnung. In dem Moment, wo Sie glauben, sie auf frischer Tat bei einem unangemessenen Verhalten oder einer Täuschung ertappt zu haben, behauptet die Person, Ihre Argumente seien in Wirklichkeit ein Beweis für ihre Unschuld. Hier einige Beispiele (beachten Sie, dass die Tat nicht direkt abgestritten wird):

- „Warum würde ich so etwas Dummes tun?"
- „Wenn du glaubst, ich hätte das getan, warum hast du nicht früher etwas gesagt?"
- „Wenn ich so etwas vorhätte, würde ich es anders aufziehen."
- „Warum sollte ich so etwas Perverses tun?"
- „Warum sollte ich wegen so etwas lügen?"
- „Wie käme jemand auf die Idee, sich auf so etwas einzulassen?"

Brücken

Auch hier ist die Absicht der Äußerungen bereits in ihrer Bezeichnung ausgedrückt. Sie sollen die zwei Teile einer Aussage miteinander verbinden, die Lücke, die in meiner Geschichte klafft und über die ich am liebsten nicht sprechen würde, überbrücken helfen. Wenn Sie Ihre Kinder fragen, wieso die Fernbedienung nicht mehr funktioniert, hören Sie vermutlich etwas in der Art: „Ich habe sie in der Hand gehalten, und urplötzlich funktionierte sie nicht mehr." Was Sie nicht zu hören bekommen, ist, dass sie sie wie einen Ball hin und her geworfen haben, bis sie gegen eine Wand prallte und kaputt war.

Beispiele für Brücken:

- „Später am selben Tag …"
- „Das nächste, was geschah …"
- „Urplötzlich …"
- „Aus heiterem Himmel …"
- „Und auf einmal …"

- „Nach einer Weile …"
- „Siehe da …"
- „Ehe ich mich versah …"

Wenn Sie eine dieser Antworten erhalten, sollten Sie sich die Mühe machen und herausfinden, was in der Geschichte ausgelassen wurde. Ohne Zweifel hat die Person Ihnen nicht alle Informationen gegeben, die Sie brauchen, um die Reihenfolge der Geschehnisse zu kennen und zu wissen, was wirklich geschah.

Verlagerung

Täuscher bedienen sich gern der Technik des Verlagerns, die definiert werden kann als extrem häufiges Bezugnehmen auf andere Personen. Mit einem Heer Gleichgesinnter und Mitstreiter im Rücken fühlt sich die Person weniger angreifbar. Eltern kennen diese Taktik von ihren Kindern nur allzu gut. Einige Beispiele zur Auswahl:

- „Alle haben das gemacht."
- „Die anderen Jungs haben auch mitgemacht."
- „Jeder andere an meiner Stelle hätte dasselbe getan."
- „Die machen das immer so."
- „Es ging uns allen genauso."

Seien Sie misstrauisch, wenn Sie eine Person über etwas befragen und diese in ihrer Antwort von „sie", „die", den „anderen" oder „allen" spricht.

Verzögerungstaktiken

Verzögerungstaktiken allein sind noch kein sicheres Zeichen für eine Täuschung, wohl aber eine Warnung an den Zuhörer, dass eine Lüge unterwegs ist. Verzögerungstaktiken geben dem Sprecher Zeit, zu entscheiden: „Lüge ich oder sage ich die Wahrheit?" und „Wenn ich lüge, wie groß kann meine Lüge sein, damit ich nicht ertappt werde?" In jedem Fall kündigen Verzögerungen Ausweichmanöver an und verraten, dass die Person stark unter Stress steht. Eine Liste mit Beispielen, was eine Person tun kann, um Zeit zu schinden:

● Eine Frage mit einer Frage beantworten.
● Die Frage wörtlich wiederholen.
● Husten, sich räuspern, tief Luft holen, bevor sie zur Antwort ansetzt.
● Die ursprüngliche Frage durch Hinzufügen, Auslassen oder Verändern von Wörtern neu formulieren.
● Tun, als habe sie die Frage nicht gehört.
● Tun, als habe sie die Frage nicht verstanden.
● Um eine Wiederholung der Frage bitten.
● Nicht die Frage beantworten, die ihr gestellt wurde.
● Eine lange Pause machen, bevor sie zur Antwort ansetzt.

Streng wörtliche Beantwortung von Fragen

Eine raffinierte Verleugnungstaktik, bei der der Täuscher eine ihm gestellte Frage mit Absicht rein wörtlich versteht und in dieser engen Auslegung beantwortet. Dieses haarspalterische Spiel mit Worten ist so gut wie immer an ein Abstreiten der Fakten gekoppelt. Als ich in einem Kurs diese Verleugnungsstrategie beschrieb, meldete sich eine Teilnehmerin mit einem klassischen Beispiel, wie ihr Sohn sie anwendete. Sie hatte entdeckt, dass ihr Sohn heimlich rauchte, und wollte aus Sorge um seine Gesundheit nicht, dass er sich das Rauchen angewöhnte. Als er eines Tages aus der Schule nach Hause kam und seine Kleidung nach Rauch roch, sagte seine Mutter ihm auf den Kopf zu, dass er geraucht habe. Doch der Jugendliche beteuerte mehrmals, er habe „keine Zigaretten geraucht". Sobald sie begriff, was er damit sagen wollte, fragte sie ihn: „Wenn du keine Zigaretten geraucht hast, was hast du dann geraucht?" Er antwortete, seine Freunde und er hätten Zigarren geraucht, „aber nicht inhaliert!".

Werfen Sie einen Blick auf die folgenden Fragen und Antworten, um das erläuterte Prinzip zu verstehen:

Frage: „Habe ich dir nicht gesagt, du sollst nicht tanzen gehen?"

Antwort: „Ich bin nicht mit Bobby tanzen gegangen."

Frage: „Warst du dort, als Helen über Leon sprach?"
Antwort: „Ich war nicht im Pausenraum, als Helen über Leon sprach."

Frage: „Waren Sie allein mit ihr im Büro?"
Antwort: „Was meinen Sie mit allein?"

Frage: „Wann haben Sie ihr Haus zum letzten Mal aufgesucht?"
Antwort: „Ich betrete ihr Haus nicht und werde es nie betreten."

Frage: „Ich dachte, wir hätten uns verstanden, dass du gleich nach der Schule nach Hause kommst?"
Antwort: „Bin ich ja. Ich war vor 15 Uhr zu Hause."

Sie müssen sehr genau hinhören, was die Person antwortet, denn sie nutzt Fehler oder nicht ganz präzise Formulierungen in Ihrer Fragestellung gnadenlos aus.

Diese neuen Erkenntnisse sollten Sie verbinden mit dem, was Sie zuvor gelernt haben. Es geht darum, das beständige oder normale Verhalten einer Person festzustellen, solange diese nicht unter Stress steht, und dann Ausschau zu halten nach Abweichungen von dieser Konstanten. Diese Abweichungen müssen in Verhaltensgeflechten auftreten, weil eine bestimmte Verhaltensweise allein niemals Beweis für Lüge oder Wahrheit sein kann. Ferner sollten Sie sich erinnern, dass das, was gesagt wird, nur einen Teil der menschlichen Kommunikation verkörpert – ebenso sehr müssen Sie auf nicht verbale oder körpersprachliche Signale achten. Es ist gut möglich, dass Sie sogar ausschließlich körpersprachliche Äußerungen beobachten, während die Rede der Person rein gar nichts verrät. Wie alle anderen Äußerungen sollten auch diese in Gruppen oder Geflechten auftreten. Nonverbale Symptome sind stumme Informanten, die dem Beobachter mitteilen, welchen emotionalen Belastungen die Person ausgesetzt ist. Widersprüche zwischen verbalen und nonverbalen Verhaltensweisen zeigen an, dass der Sprecher das, was er sagt, selbst nicht hundertprozentig glaubt.

Nehmen wir an, Sie arbeiten seit neun Jahren als Buchhalter in Ihrer Firma und die Leitung der Finanzabteilung ist neu zu besetzen. Zumal alle anderen, die ähnlich lange bei der Firma sind wie Sie, bereits mindestens einmal befördert wurden, hoffen Sie, dieses Mal an der Reihe zu sein. Sie sprechen mit Ihrer Vorgesetzten, die Ihnen versichert, Sie würden als Kandidat ernsthaft in Erwägung gezogen. In den nächsten Wochen nach dem Stand der Dinge befragt, antwortet sie jedes Mal, die Sache sei „in Butter" oder „so gut wie geritzt". Sie haben Ihrer Familie die frohe Nachricht gerade mitgeteilt, als offiziell bekannt gemacht wird, wer tatsächlich zum Abteilungsleiter befördert wurde: ein jüngerer Kollege, der, was das Schlimmste ist, von Ihrer Vorgesetzten, der Sie stets vertraut hatten, empfohlen worden war.

Auf Ihre Bemerkung „Ich dachte, die Sache sei geritzt?"
antwortet sie: „Mit der endgültigen Entscheidung hatte ich
nichts zu tun. Sie waren qualifiziert, aber aus politischen
Gründen wurde gegen Sie entschieden. Die bevorzugten
einfach den anderen Kandidaten." „Die wer?" „Die da
oben." Was meinen Sie, wer die Entscheidung wirklich gefällt hat? Was war Ihrer Anischt nach der erste Akt der Täuschung? Wann fällt Ihnen auf, dass Sie mit Verleugnungsverhalten konfrontiert sind?

Ein weiteres Beispiel: Zwei Beamte der Stadtverwaltung
werden beschuldigt, bei der Vergabe von Straßenbauprojek-
ten Bestechungsgelder von Baufirmen erbeten und empfangen zu haben. Ein lokaler Nachrichtensender hat die Sache
auffliegen lassen und sogar Videoaufzeichnungen der Treffen zwischen den korrupten Beamten und den Vertretern der
Baufirmen ausgestrahlt. Nach Ansehen des Videobands sagt
einer der Beamten, von niemandem je Geld entgegengenommen zu haben. Später stellte sich heraus, dass der Um-
schlag mit dem Geld unter dem Vordersitz seines geparkten
Wagens deponiert wurde. Entgegengenommen hatte er das
Geld also in der Tat nicht – jedenfalls nicht im streng wört-
lichen Sinne. Auf die Frage, ob es seiner Ansicht nach
falsch gewesen sei, sich von den Baufirmen bezahlen zu lassen, antwortet er: „Das hängt davon ab, was Sie mit ,falsch'
meinen."

Was wir im Hinblick auf die Verleugnung und alle übrigen
Reaktionsverhalten nicht vergessen dürfen: Es ist unmöglich vorherzusagen, welches Reaktionsverhalten die Person
als Nächstes zeigen wird. Gelingt es Ihnen, ihr Verleugnungsverhalten außer Kraft zu setzen, kann es sein, dass
Zorn oder Verhandeln ihre nächste Reaktion ist. Ideal wäre
es, würde die Person in den Zustand der Einwilligung ein-
treten, doch dafür gibt es keine Garantie. Trotzdem sollten

Sie nicht nachlassen in Ihrem Bemühen, die Wahrheit herauszufinden. Das bedeutet häufig, dass Sie Ihr eigenes Verhalten wiederholt auf die sich ändernden Reaktionen der anderen Person abstimmen müssen. Dieses Wechselspiel der Reaktionen kann in einer kurzen Begegnung oder Unterhaltung über ein bestimmtes Thema sowie mehrfach über eine längere Zeitspanne unserer Beziehung oder Beschäftigung mit einem schwierigen Thema stattfinden. Eine Prognose, wie sich die andere Person verhalten wird, ist daher unmöglich; auch die Sequenz ihrer Reaktionsverhalten lässt sich nicht vorhersagen. Reaktionen und Reaktionssequenzen, wie ein Individuum auf Stress und Konfrontation reagiert, sind sogar so einzigartig und schwer kalkulierbar, dass eine vergangene Reaktionssequenz in einer ähnlichen Situation noch längst nicht bedeutet, dass die Person heute genauso reagiert.

Für ein effektives Handling verlangt jedes Reaktionsverhalten eine spezifische Reaktion von Ihnen als Zuhörer. Im Umgang mit Verhandlern, so haben wir gelernt, ist es am besten, zu ihrer Verschleierung der Realität eine Weile gute Miene zu machen, ohne sich hypnotisieren zu lassen. Wir spielen vorübergehend mit in der Scharade, und ist der richtige Zeitpunkt gekommen, zeigen wir dem Verhandler, dass wir seinen Bluff durchschaut haben, indem wir ihm unsere Beobachtungen darlegen. Dieser tritt daraufhin, so ist zu hoffen, in einen Zustand der Einwilligung ein, womit unsere Beziehung eine Chance auf künftige Offenheit und Ehrlichkeit genießt. Die angemessene Reaktion auf ein Verleugnungsverhalten hingegen besteht – auch das haben wir gelernt – in einem Zurückschlagen mit der Realität.

Erinnern Sie sich, dass mit einer Verleugnung die Realität abgelehnt wird, weshalb sie exakt mit dem bekämpft werden sollte, was der Verleugner abzustreiten oder zu negieren versucht. Bestreitet er zum Beispiel, an einem bestimmten

Ort gewesen zu sein, legen Sie ihm eine Liste mit Namen von Personen vor, die ihn dort gesehen haben, und rufen ihm ins Gedächtnis, dass er diesen Ort früher häufig frequentiert hat.

Vielleicht gibt es ein physisches Beweisstück, eine Kinokarte etwa, das Sie ihm unter die Nase halten können. Vielleicht hat er einer dritten Partei im Vorfeld von seinen Plänen erzählt oder hinterher geschwärmt, wie gut er sich amüsiert habe. Informieren Sie ihn, dass die dritte Person Sie in Kenntnis gesetzt hat. Sie können ihn auch auf eine Weise mit seiner Lüge konfrontieren, die ihn zwingt, seine Geschichte entweder zu ändern oder aber die Wahrheit zuzugeben. Er sagt, er sei den ganzen Abend zu Hause gwesen. Warum hat er dann nicht abgehoben, als Sie ihn anriefen?

Nonverbale Signale der Verleugnung

Nur ein einziges nonverbales Signal wird mit dem Reaktionsverhalten der Verleugnung assoziiert: das Hochziehen der Schultern. Wenn einer Ihrer Mitarbeiter auf die Frage, ob er bei einem bestimmten Projekt vorankomme, lächelt, mit Ja antwortet und dabei fast unmerklich die Schultern hochzieht, ist die Wahrscheinlichkeit groß, dass er Sie über seine Fortschritte belügt. Zieht eine Person eine oder beide Schultern hoch, während sie eine Frage beantwortet, legt das nahe, dass sie die Wahrheit leugnet und selbst nicht vom Inhalt ihrer Antwort überzeugt ist.[12] Werden Sie Zeuge dieses Schulterzuckens, sollten Sie nachhaken und es genauso behandeln, als wären Sie auf ein verbales Signal der Verleugnung gestoßen.

Zorn

Das Reaktionsverhalten des Zorns scheint seinen Ursprung in unseren Gefühlen zu haben. Jede aktive Form der Täuschung wie das Verhandeln und auch ihr Herzstück, die Verleugnung, ist an sich eine emotionale Reaktion, aber sie wird durch kognitive Abläufe unterstützt. Mit dem Zorn versuche ich, eine Situation oder eine Person zu steuern oder zu beherrschen. Nichts könnte weiter von der Einwilligung entfernt sein als der auf Kampf statt auf Kompromiss ausgerichtete Zorn. Tatsächlich reagieren wir immer dann wütend, wenn wir uns von der Realität überwältigt fühlen, unser Überlebensinstinkt zuschlägt oder eine andere Person uns auf unsere Fehler und Schwächen aufmerksam macht.

Zorn erzeugt eine „Festungsmentalität". Ich befinde mich in einer durch feindliche Angriffe torpedierten Festung. Lasse ich den Feind zu nahe an mich heran, merkt er, dass ich verwundbar bin. Um mich dieser Gefahr nicht erst auszusetzen, warte ich nicht, bis der Feind meine Schwächen entdeckt, sondern starte eine Offensive, die ihn von meinen Schwächen ablenken und in eine Position der Verteidigung zwingen soll.

Für meinen Zorn kann es verschiedene Auslöser geben. Möglich ist, dass ich Angst habe – Angst vor etwas, das ich als physische Bedrohung meiner Sicherheit und meines Wohlbefindens wahrnehme. Das ist die Kampf-Komponente der Kampf- oder Fluchtreaktion, die uns als Teil unseres Überlebensinstinkts einprogrammiert wurde. Diese Form des Zorns kann auch aus Angst vor einer Bedrohung meiner emotionalen Stabilität auftreten, denn ich möchte nicht, dass das fragile Gleichgewicht meiner Gefühle durch die Konfrontation mit einer unangenehmen oder verstörenden Realität aus dem Lot geworfen wird.

Ich kann mit Zorn reagieren, weil ich genau weiß, dass ich in einer bestimmten Sache versagt habe oder vermutlich versagen werde. Niemand versagt gern, und je mehr auf dem Spiel steht, desto größer ist unsere Angst vor dem Versagen. Vielleicht bin ich gescheitert bei der Erfüllung meiner eigenen Erwartungen – egal ob es sich dabei nun um realistische Ziele handelte oder nicht. Vielleicht habe ich Erwartungen einer anderen Person enttäuscht, deren Meinung mir wichtig ist. Fest steht, dass meine Frustration und Feindseligkeit wachsen, wenn jemand mir mein Versagen unter die Nase reibt oder ich glaube, er sei schuld an meinem Misserfolg. Wer mich mit der schmerzlichen Realität meines Scheiterns konfrontiert, wird automatisch zu zur Zielscheibe meines Zorns.

Habe ich den Eindruck, Sie stellten eine direkte Bedrohung meines Selbstwertgefühls dar, kann das Zorn in mir auslösen. Ich bilde mir ein, alles, was Sie sagen oder tun, diene allein dem Ziel, mich vor anderen Leuten, die mir wichtig sind, schlecht aussehen zu lassen oder mich zu erniedrigen, damit ich mich Ihnen unterordne. Diese Reaktion tritt in der Regel auf, nachdem Sie mich oder meine Arbeit kritisiert haben. Sie kann auch ausgelöst werden durch negative Gefühle, die unsere Beziehung seit längerem charakterisieren und die in einem Vorfall oder Versagen wurzeln, an dem Sie meines Erachtens zumindest eine Mitschuld tragen. Der erneute Kontakt hat die alten Wunden wieder aufgerissen und ein paar neue hinzugefügt. Bis diese Wunden verheilen und eine Vertrauensbasis zwischen uns entstehen kann, vergeht sehr viel Zeit, und es besteht die Gefahr, dass die Wunden nie verheilen.

> **Eine Zornreaktion ist nicht unbedingt ein Zeichen für eine Täuschung – ein Stresssignal ist sie in jedem Fall.**

Sie sollten wissen, dass mit Zorn reagierende Personen nicht unbedingt eine Täuschung im Schilde führen. Ihre Reaktion zeigt zunächst nur, dass das Thema große Wichtigkeit für sie besitzt. Es kann sein, dass sie sich später für eine Täuschung als Schutzmaßnahme gegen eine Bloßstellung entscheiden, aber an sich ist die Zornreaktion noch kein Zeichen für eine Täuschung. Auch jemand, der die Wahrheit sagt, kann wütend und frustriert reagieren, wenn man ihm nicht glaubt. In diesem Fall beeinflussen Sie seine Reaktionen auf Ihre Fragen, indem Sie zeigen, dass Sie seine Glaubwürdigkeit anzweifeln. Sind Sie beide in der Vergangenheit bereits mehrfach aneinander geraten, muss die Zornreaktion der anderen Person wie erwähnt erst recht nichts mit einer Täuschung zu tun haben. Sie kann ebenso gut nur Zeichen einer Entfremdung oder gestörten Beziehung sein.

Wir haben festgestellt, dass zornig reagierende Personen von Frustration übermannt und unfähig sind, mit der gegenwärtigen Situation klarzukommen. Verschiedene Schlüsselfaktoren der Zornreaktion wie die Festungsmentalität wurden erläutert. Die Person fühlt sich umzingelt von Problemen, für die scheinbar keine Lösung existiert. Ohne einen Ausweg zu sehen, ist sie wild entschlossen, ihre Position so lange zu verteidigen, wie der Belagerungszustand andauert. Erwähnenswert ist ferner, dass wütende Menschen nicht gut zuhören. Sie versteifen sich so sehr auf ihren Standpunkt, dass sie sich eine „Anti-Versöhnungs-Haltung" zulegen und irgendwann anfangen, jedes Angebot zur Konfliktbeilegung abzulehnen – auch solche, mit denen alle Beteiligten gut fahren würden. Nicht vergessen werden sollte auch, dass Zornreaktionen ein überaus hohes Maß mentaler, emotionaler und physischer Kraft verschlingen.

Es gibt zahlreiche Theorien und Methoden für den effektiven Umgang mit Zorn und Feindseligkeit in der Interaktion zwischen zwei Menschen. Ihr Ziel sollte es sein, die in einem Gespräch unmittelbar auftretende Wut und Aggression zu entschärfen. Der erste Schritt dazu besteht darin, sich die Gründe zu vergegenwärtigen, warum Ihr Gesprächspartner mit Zorn reagiert.

Gemeinsamer Nenner der Auslöser, die Personen zu einer Zornreaktion bewegen, ist ihr Gefühl, dass ihnen die Dinge über den Kopf wachsen, die Situation außer Kontrolle gerät. Gliedern Sie daher die Themen Ihrer Unterhaltung in kleinere, übersichtlichere Teilthemen. Dadurch fühlt sich Ihr Gegenüber weniger überfordert und hat stärker das Gefühl, die Situation unter Kontrolle zu haben. Zweitens sollten Sie jene Themen zuerst besprechen, die die geringste Bedrohung für die emotionale Stabilität der anderen Person darstellen. Und drittens: Erlauben Sie sich auf keinen Fall, selbst wütend zu werden angesichts der Feindseligkeit und Negativität, die Ihnen entgegenschlägt. Ermahnen Sie sich, dass einer von Ihnen beiden die Ruhe bewahren muss, und diese Person sollten Sie sein. Wenn auch Sie noch aggressiv werden, stacheln Sie damit den Zorn Ihres Gegenübers nur mehr an. Das hätte zur Folge, dass der Zorn sich hochschaukelt, womöglich eskaliert und einen desto tieferen Graben zwischen Ihnen reißt.

Verbale Signale des Zorns

Wie wir erklärt haben, sind zornige Menschen schlechte Zuhörer. Will ich zum Kern eines Problems oder Konflikts zwischen mir und der anderen Person vordringen, muss ich einschätzen können, wo es Barrieren zwischen uns und der Lösung des Konflikts gibt. An dem, was jemand sagt, muss ich erkennen, dass er sich in einem Zustand des Zorns befindet. Mit Zorn oder Wut assoziiert man meist eine laute

Stimme, eine harte oder verzerrte Mimik und Aggressivität ausdrückende nonverbale Verhaltensweisen. Doch das sind nur die augenfälligsten Signale. Eine Wutreaktion kann auch frostig oder teilnahmslos sein.

Der mentale Zustand eines Zornigen ist oft an verschwommenen oder irreführenden Aussagen zu erkennen. Statt auf das Thema einzugehen, das Sie angeschnitten haben, kann es beispielsweise sein, dass die Person ihren Unmut darüber äußert, dass Sie ausgerechnet dieses Thema gewählt haben, oder erklärt, dieses im Augenblick nicht diskutieren zu wollen. Natürlich wäre es falsch, ein heikles oder komplexes Thema unter Zeitdruck oder vor anderen Leuten ausdiskutieren zu wollen. Grundsätzlich besteht jedoch die Gefahr, dass eine Person Ihnen wichtige Informationen verschweigt, wenn sie sich, statt Ihre Frage zu beantworten, erst beklagt oder empört.

In den Vernehmungen, die ich durchgeführt habe, fand ich es immer wieder interessant, wie viele Befragte die eigentliche Tat nicht leugnen, sondern sich vielmehr darauf konzentrieren, die Beweisfestigkeit meiner Position anzugreifen: „Dafür haben Sie keine Beweise." Wie oft haben Sie Leute sagen hören: „Sie haben keine Belege für Ihre Behauptung", „Du kannst mir nicht beweisen, dass ich das gemacht habe" oder „Fakten gibt es dafür keine"? Ein Beispiel: Eine Verbraucherschutzorganisation hat ein bestimmtes Produkt als gefährlich eingestuft. Prompt verteidigt sich die Herstellerfirma, die Sicherheitstests seien unzuverlässig, die Ergebnisse nicht präzise oder verfälschend wiedergegeben oder die Inspektoren nicht neutral. Fakten zur Untermauerung ihrer Behauptung werden selten vorgelegt, wobei eine solche Stellungnahme denkbar wäre: „Wir verfügen über keinerlei Daten, die Zweifel an der Unbedenklichkeit unseres Produkts erheben würden."

Bei einer anderen beliebten Ablenkungstaktik fechte ich als der wütende Gesprächspartner triviale Details in der Aussage meines Gegenübers an. Ich insistiere, Uhrzeit oder Datum eines bestimmten Vorfalls seien falsch, die Beschreibung meines Verhaltens ungenau, die Anzahl der Male, die ich eine Sache angeblich getan oder nicht getan habe, nicht korrekt. Ich kann eine unbegrenzte Menge an Themen finden, um meinen Gesprächspartner abzulenken und mich vor einer Auseinandersetzung über den eigentlichen Konfliktstoff zu drücken. Diese Verhaltensweisen allein sind noch kein definitives Zeichen für eine Täuschung, sollten aber Wachsamkeit hervorrufen, wenn sie gehäuft und kombiniert mit anderen verbalen und nonverbalen Signalen auftreten.

Aus Zorn geborenes aggressives Verhalten ist immer zerstörerisch und mindert die Chancen auf eine Versöhnung oder einen Kompromiss. Die Zeitungen und Nachrichten sind voll mit Meldungen über Straftäter, die ihre Opfer für das Geschehene verantwortlich machen. Sie hätte so spät nicht durch den Park gehen sollen. Die attackierte Person hatte einen fragwürdigen Lebenswandel oder liebte das Risiko. Und die zwei Brüder, die sich prügelnd im Kinderzimmer wälzen? Ohne Frage bekommt der Elternteil, der die beiden trennt, zu hören: „Er hat angefangen!"

Zornige Verbalattacken sind immer Versuche, in einer Situation, die mir zu entgleisen droht, meine Dominanz zu verteidigen, das Zepter für mich zu beanspruchen. Ich versuche, meinen Gesprächspartner einzuschüchtern, indem ich drohe, seine Karriere zu ruinieren oder peinliche Gerüchte über ihn in Umlauf zu setzen. Einige Beispiele für zornige Verbalattacken:

- „Wie kommen Sie auf die Idee, etwas Derartiges von mir zu verlangen?"
- „Geht Sie das irgendetwas an?"

- „Du hast keine Ahnung, was ich durchmache."
- „Wir sprechen uns wieder, nachdem du selbst in genau dieser Situation gewesen bist."

Möglicherweise beschuldigt Sie die zornige Person, Sie seien parteiisch oder in irgendeiner Form voreingenommen, Ihre Motive eigennützig und Ihre Absichten unlauter.

- „So behandeln Sie mich nur, weil ich Gewerkschaftsmitglied bin."
- „Der einzige Grund, weshalb du das tust, ist, dass du mich noch nie leiden konntest."
- „Du warst schon immer eifersüchtig auf mich."

Eine ausgezeichnete Methode, Oberwasser in der Unterhaltung zu gewinnen, besteht darin, das Gegenüber an vergangene Fehler und Versäumnisse zu erinnern und ihm vor Augen zu führen, dass auch er nur ein Mensch und nicht ohne Fehler ist. In all diesen Situationen bleibt das eigentliche Thema unangetastet, die Aufmerksamkeit der Gesprächspartner wird auf irrelevante Nebenschauplätze gelenkt.

Zornige Verbalreaktionen können auch die Form von Anschuldigungen annehmen:

- „Es ist doch völlig egal, was ich sage, dein Standpunkt steht ohnehin fest."
- „All das tust du nur, um allen zu zeigen, wie verdammt wichtig du bist."
- „Es ist offensichtlich, dass er die Kontrolle verloren hat."
- „Sie hatten mich von Anfang an auf dem Kieker."
- „Ich bin ihnen ein Dorn im Auge, deshalb wollen sie mich fertig machen."

Fazit: Die Person, die eine Zornreaktion zeigt, möchte in einer Situation, von der sie glaubt, sie verlöre die Kontrolle über sie, ihre Dominanz zurückerobern. Gleichzeitig versucht sie, dem eigentlichen Thema auszuweichen.

Nonverbale Signale des Zorns

Zwei Kopfpositionen suggerieren, dass die emotionale Reaktion Ihres Gesprächspartners durch wachsende Feindseligkeit gekennzeichnet ist. Dreht sich Ihre Unterhaltung um ein kontroverses Thema, fällt Ihnen vielleicht auf, dass Ihr Gegenüber seinen Kopf leicht nach oben kippt und gleichzeitig ihr Kinn vorzustrecken scheint. Es handelt sich um ein Zeichen von Aggressivität und zunehmender Feindseligkeit, die sich gegen Sie oder gegen das Thema richtet. Nicht selten sind extreme Versionen dieser Kopf-Kinn-Haltung unmittelbar vor Ausbruch einer Schlägerei oder zumindest eines sehr heftigen Streits zu beobachten. Auch in sportlichen Begegnungen deutet diese Kopfhaltung auf ein hohes Maß unterschwelliger Aggressivität hin.

Eine weitere Verhaltensweise kündet ebenfalls von Zorn oder Feindseligkeit. Allerdings strengt sich die Person bei dieser Variante sehr an, ihre aggressiven Emotionen in Schach zu halten. Um diese Reaktion trotzdem zu erkennen, lenken Sie Ihr Augenmerk auf ihren Kiefer, genauer: auf den hinteren Teil des Kiefers kurz vor den Ohren. Je mehr Aggression sich aufstaut und je mehr sich die Person anstrengt, diese zu beherrschen, desto stärker verhärtet sich die hintere Kiefermuskulatur. Die Person presst Ober- und Unterkiefer fest aufeinander oder knirscht sogar mit den Zähnen – ein untrügliches Zeichen für ihre unterdrückte Feindseligkeit und ihr verzweifeltes Bemühen um Selbstbeherrschung.

Fällt Ihnen auf, dass ihre Augenlider halb geschlossen wirken, so als würde sie blinzeln, und die Augenbrauen in der Mitte ein „V" bilden, können Sie auch daraus schließen, dass sich die Person in Zorn oder Feindseligkeit hineinzusteigern beginnt. Gleichzeitig wirken die vielen kleinen Muskeln im Bereich der Augen, Augenwinkel und oberen Wangen hart bis verkrampft. Erinnern Sie sich, wie Sie als Kind sonntags mit Ihren Eltern in die Kirche gingen? Das war der Blick, mit dem sie Sie bedachten, wann immer Sie unartig waren, nervös herumzappelten, leise flüsterten, laut seufzten oder Ihren Bruder in die Seite boxten – der Blick, der ankündigte, dass Sie nach Ihrer Rückkehr nach Hause eine Menge Ärger erwartete. Dieser Ausdruck allein signalisiert noch keine Täuschung, sondern nur, dass die emotionale Reaktion allmählich eine aggressive Färbung bekommt. Eine Person, die Sie anlächelt und dabei diesen Blick hat, versucht, ihre wahren Gefühle zu verbergen.

Verschränkt jemand seine Arme weit oben über der Brust, ist das ein Zeichen für eine ablehnende Haltung gegenüber dem Thema und wohl auch für eine zunehmende Feindseligkeit. Denken Sie an einen trotzigen Teenager, der sich gegen seine Eltern auflehnt. Parallel zu dieser Armhaltung dürfte die Stimme der Person eine aggressive Note annehmen und das, was sie sagt, dürften Zeichen für Zorn – wie oben beschrieben – kennzeichnen. Für Zorn oder Feindseligkeit spricht auch, wenn jemand eine Hand oder beide Hände zur Faust ballt und in ihren Achselhöhlen vergräbt. Umarmt er sich selbst, vergewissern Sie sich, dass es sich nicht um eine kühle, distanzierte Persönlichkeit handelt, sondern dieses körpersprachliche Signal Teil eines Verhaltensgeflechts ist.

Darüber hinaus existieren eine Reihe von Handhaltungen, die gute Indikatoren sind, dass die Person Wut aufstaut oder das starke Bedürfnis verspürt, die Situation unter ihre Kontrolle zu bringen. Am auffälligsten ist Trommeln, etwa mit den Fingern auf die Tischplatte, während sie ungeduldig auf den Kellner wartet, um ihre Bestellung aufzugeben. Stellen Sie sich Ihren Chef vor, der mit der Faust – vielleicht nur symbolisch – auf seinen Schreibtisch donnert, weil er sich über einen Ihrer Fehler aufgeregt hat. Mögliche Varianten: mit der Faust in die hohle Hand oder auf eine Stuhllehne schlagen. Die geballte Faust kann ersetzt werden durch eine mit geöffneter Hand ausgeführte Hackbewegung. Zornreaktionen sind nicht immer ein Resultat tief empfundenen emotionalen Zorns. Sie können auch einfach ausdrücken, dass mir die Dinge, so wie sie laufen, gegen den Strich gehen und ich mich im Strudel der Ereignisse etwas verloren fühle.

Fingerzeigen, speziell wenn es mit einer schroffen, stoßenden Bewegung geschieht, ist ebenfalls ein Signal für Wut. Aus der Ferne betrachtet, sieht diese Geste aus, als würde jemand mit einem Messer oder Schwert erdolcht. Die Stoßbewegung ist entweder nach außen oder gegen den Fingerzeiger selbst gerichtet. Je intensiver die Stoßbewegung, desto stärker ist der Zorn, den die Person verspürt. Legt einer Ihrer Freunde dieses aggressive Zeigeverhalten an den Tag und deutet mit dem Finger in Richtung Fußboden, sollten Sie darauf gefasst sein, dass sein Zorn sehr heftig und schwer zu bremsen sein wird. Nicht selten bildet Fingerzeigen das Vorstadium zu tätlichen Angriffen.

Depression

Die nachfolgend erläuterte Depressionsreaktion ist ein Reaktionsverhalten und keine klinische Form der Depression. Die affektive Störung der klinischen Depression erfordert

eine intensive psychiatrische und eventuell medikamentöse Behandlung und
zieht Familienleben, Karriere, Gesundheit und Gefühlshaushalt in Mitleidenschaft. Die Depression, die ich hier be-
schreibe, ist immer die Reaktion auf
ein Verhalten oder Ereignis und von da-
her vorübergehend und ohne Einfluss auf die Lebenstüch-
tigkeit der Person. Sie ist eine Form der Distanzierung von
einer Realität, die die Betroffenen als unangenehm oder
schmerzlich empfinden.

> **Die Depressionsreak-
> tion ist immer eine Re-
> aktion auf ein Verhalten
> und keine klinische
> Form der Depression.**

Wie die Zornreaktion birgt auch die Depression ein aggressives Element, mit dem Unterschied, dass sich diese
Aggression nach innen richtet. In dieser emotionalen
Fluchtreaktion zieht sich die Person in ihr Inneres zurück
und quält sich mit Selbstvorwürfen. Da wir uns selbst am
besten kennen, kennen wir auch unsere Verwundbarkeiten
am besten und können unsere Angriffe gegen uns selbst ef-
fektiv steuern, indem wir Schwächen, Fehler, Malheurs
und Zweifel ins Zentrum unserer Aufmerksamkeit rücken.
Das Endergebnis ist, dass wir uns von innen heraus auf-
fressen, uns selbst zerstören. Ist diese Selbstzerstörung
erst komplett, haben wir kaum noch Energie übrig, um uns
mit dem Thema, das zu unserem emotionalen Zusammen-
bruch führte, zu beschäftigen, sodass dieses ungelöst
bleibt.

Die Depressionsreaktion erzeugt Barrieren, die eine
fruchtbare Kommunikation verhindern. Erstens richte ich
all meine Aufmerksamkeit ausschließlich auf mein Inneres.
Mich interessieren meine Schwächen, mein Scheitern, mein
Seelenleid – nichts anderes. Die Folge davon ist, dass ich
sämtliche externen Themen ignoriere, die eine andere Person mit mir besprechen möchte oder die einer Lösung be-
dürfen. Ich werde ein immer schlechterer Zuhörer. Das We-

nige, das ich aufnehme, jage ich durch einen Filter, der mein negatives Selbstbild bestätigt und mich tiefer in die Isolation treibt. Interessanterweise können dieselben Auslöser, die eine Zornreaktion in Gang setzen, auch einen Rückzug in die Depression einleiten.

Die Depressionsreaktion ist selten an einen Täuschungsversuch geknüpft, denn die depressive Person ist völlig vereinnahmt von dem Gedanken, wie schlecht sie sich fühlt oder was für ein schlechter Mensch sie zu sein glaubt. Nicht nur ihre Fähigkeit zum Zuhören ist begrenzt – die Person ist darüber hinaus auch nicht gut im Redigieren ihrer verbalen Äußerungen. Weil sie ihre Aufmerksamkeit auf ihre eingebildeten oder tatsächlichen Schwächen gelenkt hat, ist es ihr gleichgültig, ob andere von ihnen erfahren, zumal sie meint, es handele sich ohnehin um ein offenes Geheimnis. Folglich gibt sie sich keine Mühe, ihre Handlungen oder Absichten zu verbergen. Mit einer solchen Haltung ist es fast unmöglich, eine Täuschung zu konzipieren oder aufrechtzuerhalten.

Vor einer Sache sollten Sie bei der Depressionsreaktion auf der Hut sein: Manchmal benutzt der Täuscher eine (vorgeschobene) Niedergeschlagenheit als Instrument des Verhandelns. Er gaukelt dem Beobachter eine Depression vor, in der Hoffnung, dieser würde ihm glauben, Mitleid mit ihm haben und blind werden für das Täuschungsmanöver.

Ist Ihr Gesprächspartner tatsächlich depressiv, können Sie dies auf drei verschiedenen Ebenen feststellen. Erstens können Sie seine Niedergeschlagenheit selbst spüren, weil sie instinktiv Ihr Mitgefühl weckt. Zweitens hören Sie die Depression an der Qualität seiner Stimme und am Inhalt dessen, was er sagt. Drittens sehen Sie an seiner Körpersprache, dass er depressiv ist. Diese Faktoren ergeben zusammen ein Verhaltensgeflecht, das die Echtheit der Niedergeschlagenheit bestätigt.

Die Auslöser der Depressionsreaktion sind die gleichen wie bei der Zornreaktion. Der Unterschied: Statt das Problem anzugreifen, greift die Person sich selbst an, gibt sich die Schuld an allen möglichen Dingen und distanziert sich zunehmend von der Realität der Situation. Ich weise erneut darauf hin, dass wir über die reaktive Form der Depression als Antwort auf ein spezielles Problem sprechen, nicht über die klinische Depression. Dies ist kein Aufruf, die Menschen in Ihrem Umfeld zu analysieren und womöglich als depressiv zu diagnostizieren.

Personen, die diese reaktive Form der Depression erleben, interessiert nichts anderes außer ihrem Innenleben. Dem, was Sie zu sagen haben, schenken sie kaum Gehör. Ihr Fokus gehört dem Schmerz, den sie durchmachen und der ihr gesamtes Denken und Fühlen besetzt. Sollten Sie als Zuhörer auf die Idee kommen, ihr Leid zu ignorieren oder gar als unwesentlich abzutun, schlägt die Depression häufig in eine höchst destruktive Form der Wut um, die die Bezeichnung Rage verdient.

Auf eine Person, deren verbales und nonverbales Verhalten auf eine Niedergeschlagenheit hindeutet, reagieren Sie am besten passiv, indem Sie das, was der andere ausdrückt, einfach aufnehmen. Solange er in seinem Schmerz zu ertrinken droht, wird er nicht offen sein für eine zweigleisige Interaktion. Agieren Sie als sein Katalysator – leiten Sie seinen Schmerz aus. Ermuntern Sie ihn, mit Ihnen über alle Themen, die ihn bedrücken, zu sprechen – ungehemmt und so detailliert, wie er möchte. Nachdem er seinen Ballast abgeworfen hat, wird er allmählich offener für andere Themen und einen authentischen Dialog. Worauf es ankommt: Sie müssen Geduld aufbringen, Ihre Aufmerksamkeit auf die andere Person bündeln und ihr so sorgfältig wie möglich zuhören.

Wie bei wütenden ist auch bei depressiven Gesprächspartnern kaum mit einer Täuschung zu rechnen. Sicher wird Ihnen die Person, weil sie so sehr leidet, Informationen vorenthalten, Sie aber in der Regel nicht direkt belügen. Weil sie ihre Äußerungen nicht oder nur unzulänglich redigiert, klingen die Gründe ihrer emotionalen Qualen oft unbewusst durch. Sofern Sie sorgfältig zuhören, entdecken Sie in ihren unzensierten Aussagen Fragmente der Wahrheit, die Sie zusammensetzen und so der realen Problematik auf die Spur kommen können.

Verbale Signale der Depression

Die Depression ist definitiv kein Instrument, das ich bewusst einsetze, um mein Gegenüber zu täuschen. Trotzdem macht sie es schwer, durch die vielen Schichten emotionaler Schmerzen und Verletzungen zum Kern der Wahrheit vorzudringen. Die Depression wirft einige derselben Probleme auf wie die Zornreaktion, denn auch hier hat der Betroffene Angst, die Kontrolle über die Situation zu verlieren. Die Folge ist, dass er auf Distanz geht und sich mit Selbstvorwürfen bestraft. Eine Reihe von Aussagen, die Schmerz und Enttäuschung als Elemente der Depression thematisieren:

- „Diese Sache hat mich total runtergezogen."
- „Das Ganze wächst mir absolut über den Kopf."
- „Dem bin ich momentan einfach nicht gewachsen."
- „Ich kann nicht glauben, dass ich wieder derartig versagt habe."

- „Keine Ahnung, warum ich es immer wieder versuche. Ich baue ohnehin nur Mist."

Manche Betroffene sprechen die vielen Sekundärprobleme an, die ihre Depression mit sich bringt. Zum Beispiel:

- „Mein Chef hat ein ernstes Gespräch mit mir geführt, weil ich so viele Fehler mache."
- „Seitdem das alles angefangen hat, kriege ich nachts kaum noch ein Auge zu."
- „Meine Kinder sind die Leidtragenden in dieser Geschichte, weil ich so streng mit ihnen geworden bin."
- „Ich habe komplett verschwitzt, meinen Bericht abzugeben, weil mich die Sache so mitgenommen hat."
- „Ich habe kaum noch Appetit, so sehr schlägt mir das alles auf den Magen."
- „Dieser Albtraum verfolgt mich nun schon seit sechs Wochen – ich kann an nichts anderes mehr denken."

Grundsätzlich gilt bei verbalen Signalen der Depression, dass der Zuhörer noch aufmerksamer zuhören sollte als bei anderen Reaktionsverhalten, damit ihm ja keine Hinweise auf eine tief greifende emotionale oder psychische Krise entgehen. Sollte die Person andeuten, mit dem Gedanken gespielt zu haben, sich körperlichen Schaden zuzufügen, dürfen Sie diese Bemerkungen auf keinen Fall auf die leichte Schulter nehmen! Personen, die von Selbstmord sprechen, benötigen professionelle psychologische Hilfe und Beratung. Sorgen Sie dafür, dass sie so schnell wie möglich einen Therapeuten aufsucht, und kümmern Sie sich so lange um sie, bis Sie sie in guten Händen wissen.

Nonverbale Signale der Depression

Selbstverständlich besitzen nicht alle körpersprachlichen Verhaltensweisen eine klar definierte und eng umrissene Bedeutung. Je nachdem, welche anderen körpersprachlichen Signale mit ihm kombiniert sind, kann ein Verhalten sogar widersprüchliche Bedeutungen haben. Ein körpersprachliches Signal tritt fast nie isoliert, sondern immer im Verbund mit anderen nonverbalen und verbalen Zeichen auf, die über seine Bedeutung in der jeweiligen Situation entscheiden. Ein körpersprachliches Verhalten, dessen Bedeutung durch die Situation definiert wird, ist das Absenken des Kinns auf die Brust, das sowohl Depression als auch Einwilligung anzeigen kann. Beobachtet man in polizeilichen Vernehmungen, dass die befragte Person ihr Kinn zur Brust senkt und parallel dazu bestimmte Äußerungen macht, besteht Grund zu der Annahme, dass sie bald ein Geständnis ablegen wird. Mit anderen Äußerungen kombiniert, bedeutet diese Kinnposition, dass die befragte Person eine Depressionsreaktion durchmacht.

Nehmen wir an, Sie und die andere Person – egal ob es sich um Ihren Ehepartner, einen Geschäftskollegen oder einen langjährigen Freund handelt – vertreten zu einem bestimmten Thema unterschiedliche Standpunkte. Jeder von Ihnen ist leidenschaftlich von der Richtigkeit seines Standpunkts überzeugt und möchte die andere Person „bekehren". Wenn Sie sehen, dass der andere zu einem Zeitpunkt des Gesprächs sein Kinn auf die Brust sacken lässt und überdies einen langen Seufzer ausstößt, heißt das, er erwägt ernsthaft, dass Sie Recht haben könnten, oder ist im Begriff, sich Ihrem Standpunkt anzuschließen. Wichtig ist, dass Sie in diesem Moment nicht zu dominant und siegessicher auftreten. Schlagen Sie einen versöhnlichen Ton an, während Sie gemeinsam überlegen, wie der Konflikt zwischen Ihnen auf Dauer beigelegt werden kann. Sie werden staunen, wie schnell Sie beide zu einer Lösung des Problems gelangen.

Andererseits kann das Senken des Kinns auf die Brust auch Zeichen für eine Depressionsreaktion sein. Die sprachlichen Signale sind dann jedoch vollkommen anders. Die Person formuliert, wie schlecht sich die Dinge entwickelt haben und dass sie schuld ist an dieser schlechten Entwicklung. Manchmal gibt sie direkt zu, deprimiert oder niedergeschlagen zu sein. Forschen Sie nach den Gründen für ihre Verfassung. Seien Sie ein guter Zuhörer, und nehmen Sie zu diesem Zeitpunkt keine Bewertungen vor. Das Letzte, was Ihr Gesprächspartner braucht, ist jemand, der ihn mit Vorwürfen überhäuft, denn das tut er bereits selbst.

Führen Sie sich abermals vor Augen, dass Sie nonverbale und verbale Symptome berücksichtigen müssen, wenn Sie die emotionale und kognitive oder mentale Verfassung der Person richtig einschätzen wollen. Zu den die Gesichtsregion betreffenden körpersprachlichen Signalen gehören neben der beschriebenen Kinnhaltung auch ein zum Boden gerichteter Blick sowie heruntergezogene Mundwinkel. Natürlich kann ein geschickter Täuscher einige dieser Symptome fälschen und sein Opfer so an der Nase herumführen. Ein spezielles nonverbales Signal ist unterdessen sehr schwer zu fälschen. Es handelt sich um ein extremes Zusammenziehen der Augenbrauen, das senkrechte Falten über dem Nasenrücken erzeugt. Oft scheinen sich die inneren Abschnitte der Augenbrauen regelrecht nach oben zu drehen. Wie herausgefunden wurde, ist es für jemanden, der nicht wirklich depressiv ist, überaus schwierig, diese Augenbrauenstellung auf Kommando herbeizuführen.[13]

Auch vorgerollte oder in sich zusammengesackte Schultern können eine Depressionsreaktion begleiten. Verschränkt die Person ihre Arme über dem Bauch, ist das ebenfalls ein häufiges Zeichen für eine Distanzierung und

Depression. Sie sinkt förmlich in sich zusammen, während sie versucht, sich von der Situation oder Unterhaltung zu entfernen und in die Isolation zurückzuziehen. Zusammen mit dieser Körperhaltung werden die Ellbogen meist sehr eng an dem Rumpf gepresst. Eine abgewandelte Version kann beobachtet werden, wenn die Person in einem Stuhl sitzt: Statt ihre Arme oder Hände vor dem Bauch oder im Schoß zu falten, sitzt sie buchstäblich auf ihren Händen, die Ellbogen dicht an den Rumpf geklemmt. Steht sie vor Ihnen, hält sie ihre Ellbogen ebenfalls eng am Körper und die Hände manchmal zu Fäusten geballt – ein sicheres Zeichen der Frustration oder Wut.

Eine andere Armhaltung bezeichne ich als „Cocooning". Dabei wickelt die Person ihre Arme derart um ihren Körper, dass es den Anschein hat, als umarme sie sich selbst. Offenkundig leidet die Person innere Qualen und versucht, sich selbst zu trösten. Sie spinnt sich ein in einen Kokon, der es ihr erlaubt, sich aus der Realität zurückzuziehen. Ich habe dieses Verhalten häufig während Befragungen von Verbrechensopfern beobachtet, aber auch von Straftätern, die im Verhör depressiv reagieren und sich von ihrer Tat distanzieren möchten. Mit diesem Verhalten konfrontiert, sollten Sie das Tempo des Gesprächs drosseln und der Person mit viel Nachsicht und Geduld begegnen. Geben Sie ihr Gelegenheit, ihren Schmerz herauszulassen, denn vorher wird sie anderen Themen gegenüber nicht offen sein.

Das Gelernte 6 umsetzen

Viele der in diesem Buch beschriebenen Verhaltensweisen sind Ihnen vermutlich bereits begegnet. Vielleicht hatten Sie damals schon den Verdacht, dass sie etwas über die Ehrlichkeit einer Person in einer bestimmten Frage aussagen. In einigen Fällen waren Sie unter Umständen überrascht, dass bestimmte Verhaltensweisen keine zuverlässigen Indikatoren für eine Täuschung sind, wogegen andere, von denen Sie dies nicht glaubten, durchaus Relevanz besitzen. Unnötig zu sagen, dass Sie viele neue Informationen verdauen, mit einigen alten Gewohnheiten brechen und an ihren frisch erworbenen Fähigkeiten feilen müssen.

Der Erwerb jeder neuen Fähigkeit ist an einen aus vier Schritten bestehenden Prozess gekoppelt, der uns hilft, sie mit der Zeit immer effektiver zu nutzen. Im ersten Schritt dieses Lernprozesses erläutern Sie die Theorien und Konzepte jemandem, für den die Materie neu ist. Das habe ich mit diesem Buch getan. Sie erinnern sich an unsere Diskussion der Grundregeln, die Sie befolgen müssen, um korrekt identifizieren und deuten zu können, wie aufrichtig die Aussagen oder Absichten Ihres Gesprächspartners sind. Diese Schlüssel gewährleisten und verbessern die Richtigkeit Ihrer Diagnose. Eine kurze Rekapitulation:

Kein isoliertes verbales oder nonverbales Verhalten kann ein Beweis sein, dass eine Person lügt oder die Wahrheit sagt.

Vergessen Sie niemals, dass Sie Lüge oder Wahrheit nicht an einem einzigen Anzeichen festmachen können. Es gibt keine spezifische Verhaltensweise, die bei allen Menschen als verlässliches Zeichen für eine Täuschung gelten kann.

Halten Sie Ausschau nach grundsätzlichen Negativreaktionen auf bestimmte Themen.

Personen, die mit einem bestimmten Thema Probleme haben, reagieren grundsätzlich negativ, wann immer dieses angeschnitten wird. Achten Sie auf diese stereotypen Negativreaktionen, um auszuschließen, dass es sich um Zufälle handelt.

Identifizieren Sie das normale oder beständige Verhalten der Person, bevor Sie beginnen, auf Abweichungen von der Konstanten zu achten.

Für Ihre Analyse relevant sind Verhaltensweisen, die durch emotionale und/oder mentale Veränderungen hervorgerufen werden. Damit wir diese Änderungen erkennen, müssen wir wissen, wie das normale Verhalten der Person aussieht.

Stellen Sie das Verhalten einer Person anhand von Verhaltensgeflechten fest.

Da wir unsere Einschätzung der Ehrlichkeit oder Unehrlichkeit einer Person nicht auf einzelne Verhaltensweisen stützen können, müssen wir unser Augenmerk auf Verhaltensgeflechte lenken. Die Wahrscheinlichkeit, dass zwei oder mehr Anzeichen für eine Täuschung rein zufällig zusammen auftreten, ist äußerst gering. Die gleichzeitige Analyse von Körpersprache, verbalen Inhalten, Stimmqualität und anderen Signalen liefert zuverlässigere Ergebnisse als die Berücksichtigung einer einzigen Kategorie allein.

Bemerken Sie Widersprüche im Verhalten der Person.

Jedes Mal, wenn die vier Kommunikationskanäle einer Person widersprüchliche oder gegensätzliche Botschaften aussenden, ist die Gefahr einer Täuschung groß. Entweder empfindet die Person nicht die Emotionen, die sie vorgibt, oder sie glaubt selbst nicht an das, was sie sagt. Widersprüche sind ein wichtiger Anhaltspunkt beim Aufdecken von Täuschungsversuchen.

Beeinflussen Sie nicht das Verhalten der anderen Person.

Stimmung und Natur einer Unterhaltung hängen von allen Beteiligten ab. Wie Sie auf Ihren Gesprächspartner reagieren und mit ihm kommunizieren, übt einen direkten Einfluss auf sein Verhalten aus. Ob Sie dominant, aggressiv oder bedrohlich auftreten oder aber gleichgültig bis desinteressiert erscheinen – Ihre Haltung nimmt in jedem Fall Einfluss auf die andere Person. Bezieht sich ihre Reaktion auf Sie oder auf das Thema Ihrer Unterhaltung?

Vorgefasste Meinungen trüben Ihr Urteilsvermögen.

Ihre Einschätzung des Verhaltens der anderen Person bildet die Grundlage für künftige Entscheidungen. Hüten Sie sich vor vorgefassten Meinungen oder Vorurteilen, die Sie zu falschen Schlussfolgerungen verleiten. Üben Sie sich in Unvoreingenommenheit.

Überprüfen Sie Ihre Analyse, bevor Sie ein Urteil fällen.

Haben Sie sich die Zeit genommen, eine Verhaltenskonstante für die Person festzustellen? Welche grundsätzlichen, in angemessenem Zeitrahmen und in Gruppen auftretenden Verhaltensänderungen haben Sie bemerkt? Hegen Sie irgendwelche vorgefassten Meinungen, die Ihre Objektivität trüben?

Wir haben die verschiedenen Reaktionsverhalten im Zusammenhang mit der Planung und Durchführung von Täuschungsmanövern untersucht: Zorn, Depression, Verleugnung und Verhandeln. Menschen, die ehrlich zu uns sind, befinden sich im Zustand der Einwilligung.

Zorn: Zorn ist ein Mittel, mit dem ein Gesprächspartner versucht, die Kontrolle über die Situation zu bewahren beziehungsweise zurückzuerobern. Er fühlt sich überfordert und hofft, mit seiner Reaktion unangenehme Fragen abwen-

den zu können. Die Aufgabe des Zuhörers ist es, die Zornreaktion zu entschärfen, indem er das strittige Thema in kleinere Teilthemen portioniert, über die die wütende Person
eher zu sprechen in der Lage ist, weil sie sich weniger überfordert fühlt. Reagiert der Zuhörer ebenfalls wütend, droht
ein Abbruch jeglicher Kommunikation.

Depression: Auch die Depressionsreaktion resultiert aus einem Gefühl der Hilflosigkeit und fehlenden Kontrolle über
die Situation. Obwohl die Depression nicht unbedingt an
eine Täuschung gekoppelt ist, erzeugt sie Barrieren, die einer offenen Kommunikation im Wege stehen. Diese Person
hat sich in ihr Innerstes zurückgezogen, quält sich mit
Selbstvorwürfen und Gedanken an ihr (meist eingebildetes)
Versagen. Geben Sie ihr die Chance, ihren Schmerz herauszulassen, seien Sie ein guter Zuhörer. Nachdem Sie über
ihre inneren Konflikte gesprochen haben, fällt es Ihnen
leichter, sich auf eine Problemlösung zu verständigen.

Verleugnung: Verleugnung ist das Herzstück der Täuschung – die mentale Verfassung, in der Täuschungsmanöver konzipiert, genährt und im Detail geplant werden. Als
Zielscheibe der Täuschung müssen Sie zunächst die Täuschung korrekt isolieren und Ihr Gegenüber dann scho-
nungslos mit der Realität konfrontieren. Diese Person versucht, die Wahrheit zu umschiffen, zu bestreiten oder als
nebensächlich abzutun, und sie möchte, dass Sie dasselbe
tun. Beharren Sie auf Ihrer Version der Realität, pochen Sie
stur auf die Fakten. Wichtig ist, dass Sie Geduld zeigen und
nicht von Ihrem Standpunkt abrücken.

Verhandeln: Verhandeln bedeutet das Verfälschen der
Wahrheit. Es ist eine weniger direkte Form der Täuschung –
eine Art ausweichende Lüge. Der Täuscher versucht, Ihre
Wahrnehmung von ihm als Hauptfigur der Scharade zu manipulieren. Auch sein Verhalten sollen Sie als weniger bedrohlich und unangemessen wahrnehmen. Sein Ziel ist es,

die Wahrheit zu verschleiern und keine Verantwortung übernehmen zu müssen. Stellen Sie Verhandlern sehr gezielte Fragen, und lassen Sie nur präzise Antworten gelten. Achten Sie darauf, welche Annahmen Sie machen, und fragen Sie die Person ohne Umschweife, inwiefern diese korrekt sind. Daraufhin muss sie Ihnen entweder mehr Informationen anbieten oder Sie rundheraus anlügen.

Einwilligung: Einwilligung bedeutet die Annahme der Wahrheit. Diese Phase der Offenheit sollten Sie nutzen, um Ihre Beziehung zu kräftigen und der Person Ihre Anerkennung für ihre Offenheit auszusprechen. Nachdem Sie sie zur Aufrichtigkeit bewegt haben, sollten Sie sie auf keinen Fall für vergangene Sünden büßen lassen, denn Sie möchten sie ja animieren, in Zukunft ebenfalls ehrlich zu sein. Geben Sie sich sensibel und einfühlsam, nicht nachtragend oder rachsüchtig.

Der nächste Schritt des Lernprozesses besteht darin, sich das Gelernte immer wieder vor Augen zu führen und schlechte Angewohnheiten der Vergangenheit zu überwinden. Vielleicht stellen Sie fest, dass Sie einige Ihrer früheren Ansichten, wie, wann und warum Menschen lügen, revidieren müssen. Halten Sie dieses Buch griffbereit. Scheuen Sie sich nicht, bestimmte Seiten oder Textpassagen zu markieren und diese wiederholt zu studieren. Verwenden Sie dieses Buch als Ratgeber in neuen Situationen – ein Ratgeber, der Ihre Diagnose unterstützt. Wenn Sie tiefer in die Thematik eintauchen möchten, suchen Sie in Bibliotheken und im Internet nach Fachartikeln und Studien über menschliche Kommunikation und Täuschungsverhalten.

Kommen wir zur Praxis als nächster Stufe des Lernprozesses. Machen Sie Notizen über Ihre Beobachtungen, speziell in Fällen, in denen Sie mit Ihrer Diagnose ins Schwarze getroffen oder völlig daneben gelegen haben. Lernen Sie aus Ihren Fehlern. Finden Sie heraus, warum Sie sie gemacht haben, und sorgen Sie dafür, dass niemand unter ihnen leidet. Last but not least sollten Sie Ihre Beobachtungen für sich behalten. Die Person, die Sie täuschen möchte, einzuweihen, welche Verhaltensweisen sie verraten, ist nicht nur kontraproduktiv – es belastet auch Ihre zukünftige Beziehung.

Wenn Sie mit der Umsetzung der in diesem Buch gelernten Strategien beginnen, sollten Sie langsam und systematisch vorgehen. Diese Strategien aufzunehmen und ihre Anwendung zu perfektionieren erfordert Zeit. Konzentrieren Sie sich so lange auf bestimmte Zeichen, bis Sie diese gewissermaßen im Schlaf erkennen. Danach wenden Sie sich der nächsten Gruppe von Symptomen zu.

Fehlt nur noch, dass Sie die erlernten und perfektionierten Fähigkeiten auf Ihre Umwelt anwenden. Zwar können Sie niemanden von einer Lüge abhalten, doch mittlerweile verfügen Sie über genügend Kompetenz für eine Verbesserung Ihrer intimen, persönlichen und sozialen Beziehungen. Sie sind in der Lage zu erkennen, wann jemand in einer Unterhaltung unter Stress steht oder sich unbehaglich fühlt, und wissen, was Sie tun müssen, um zum Kern der Täuschung vorzudringen, den Täuscher in einen Zustand der Einwilligung zu führen und Ihrer Interaktion wieder zu Offenheit und Ehrlichkeit zu verhelfen. Sie haben die Fähigkeit erworben, Täuschungsversuche rechtzeitig aufzudecken und außer Kraft zu setzen und so Ihr Risiko zu verringern, Opfer einer Lüge zu werden.

Ein Wort zur Klärung: Falls Sie gehofft haben, mit Hilfe dieses Buchs selbst ein besserer Lügner zu werden, muss ich Sie enttäuschen. Sie würden unübersehbare Täuschungssignale produzieren, weil Ihnen zu viele theoretische Informationen im Kopf umhergehen.

Letztlich verfolgen sämtliche Strategien und Methoden zum Erkennen von Täuschungen ein übergeordnetes Ziel: die Förderung glücklicher und gesunder Beziehungen, die auf einem offenen, ehrlichen und fruchtbaren Dialog basieren. Nutzen Sie die Informationen in diesem Buch, und leben Sie rundum befriedigende Beziehungen.

Quellenangaben

Die sieben Schlüssel zum Erkennen einer Lüge

1 Paul Ekman, *Telling Lies: Clues to Deceit in the Market-place, Politics and Marriage* (Toronto: W. W. Norton & Company, Inc., 1992), S. 17.
2 Allan Pease, *Signals: How to Use Body Language for Power, Success and Love* (Toronto: Bantam Books, 1984), S. 6.
3 Ekman, S. 65.

Verbale Kommunikation

4 Martha Davis, Stan B. Walters, N. Vorus, P. Meiland, Brenda Connors „Demeanor Cues to Deception in Criminal Investigations" (erscheint demnächst)

Nonverbale Kommunikation

5 Martha Davis, Brenda Connors, Stan B. Walters „Credibility Analysis Validity Study: Nonverbal Communication Project-Final Report", John Jay College of Criminal Justice (Februar1999).
6 Ebd.
7 Neurolinguistische Programmierung (NLP) ist ein eingetragenes Warenzeichen von Dr. Richard Bandler und Dr. John Grinder.
8 Persönliche Korrespondenz mit Dr. John LaValle, Präsident der Neuro-Linguistic Programming[TM] Society (1. März 1998)

9 Aldert Vrij und Shara Lochun, „Neuro-Linguistic Programming and the Police: Worthwhile or Not?", in: Journal of Police and Criminal Psychology, Vol. 12, Nr. 1 (1997), S. 25-31

10 Ebd., S. 30

Reaktionsverhalten

11 Elisabeth Kübler-Ross, *Über den Tod und das Leben danach* (Güllesheim: Verlag „Die Silberschnur", 24. Auflage, 1997).

12 Ekman, S. 101–102

13 Ebd., S. 134

Literaturhinweise

Argyle, M., und Dean, J.: „Eye Contact", in: *Sociometry* 28 (1965), S. 289–304

Atkinson, Richard C., Atkinson, Rita L. und Hilgard, Ernest R.: *Introduction to Psychology,* New York: Harcourt, Brace, Jovanovich 1971

Aubrey, Arthur S., Jr., und Randolph, R.: *Criminal Interrogation,* Springfield, IL: Thomas Publishers 1972

Baldwin, Bruce: „Emotional Misuses of Anger", in: *Piedmont* (Januar 1987), S. 13–17

– „The Stressed Mind: Pressure Can Produce Thought Disorders", in: *Piedmont* (November 1987), S. 18–22

– „Keep Your Lid On", in: *USAir Magazine* (Februar 1993), S. 16–19

Baldwin, John: „Police Interview Techniques: Establishing Truths or Proof?", in: *The British Journal of Criminology* 33.3 (Sommer 1993), S. 325–352

Bandler, Richard, und Grinder, John: *Frogs into Princes: Neuro-Linguistic Programming,* Moab, UT: Real People Press 1979

Beattie, Robert J.: „The Semantics of Question Preparation", aus: Vorlesungen über Lügendetektion (1957)

Benjamin, Ludy T., Jr., Hopkins, J. Roy, und Nation, Jack R.: *Psychology,* New York: McMillan 1987

Bennet, P. J.: „Interviewing Witnesses and Victims for the Purpose of Obtaining a Statement", in: *Journal of Forensic Identification* 46.4 (1996), S. 349–366

Bilodeau, Lorraine: *The Anger Workbook,* Center City, MN: Hazelden Foundation 1994

Birdwhitsell, R.L.: *Introduction to Kinesics: An Annotation System for Analysis of Body Motion and Gestures,* KY: University of Louisville Press 1952

– *Kinesics and Context: Essays on Body Motion and Communication,* PA: University of Philadelphia Press 1970

Bower, Gordon H.: „Mood and Memory", in: *American Psychologist* 36.2 (1991), S. 129–148

Brown, Roger, und Kulik, James: „Flashbulb Memories", in: *Cognition* 5 (1977), S. 73–79

Buckwalter, Art: *Interviews and Interrogations,* Boston, MA: Butterworth 1983

Buffington, Perry: *Your Behaviour is Showing,* Atlanta, GA: Peachtree Publishers 1989

Buller, David B., Strzyzewski, Krysyna D., und Comstock, Jamie: „Interpersonal Deception: Deceiver's Reaction to Receiver's Suspicions and Probing", in: *Communication Monographs* 58 (März 1991), S. 1–24

Callum, Myles: *Body Talk,* New York: Bantam Books 1972

Campbell Joseph: *The Portable Jung,* New York: Viking Press 1971

Cleckly, Hervy: *The Mask of Sanity,* 5. Aufl., St. Louis, MO: C.V. Mosby Company 1988

Cohen, Herb: *Sie können alles erreichen,* Heyne, München 1993

Darwin, Charles: *Der Ausdruck der Gemütsbewegungen bei den Menschen und den Tieren,* Eichborn, Frankfurt 1989

Davidson, Gerald C., und Neale, John M.: *Abnormal Psychology,* New York: John Wiley & Sons 1982

Davis, Flora: *Inside Intuition: What We Know about Nonverbal Communication,* New York: New American Library 1987

Davis, Martha, und Hadiks, Dean: „Demeanor and Credibility", in: *Semiotica* 106.1–2 (1995), S. 5–54

Davis, Martha: „Credibility Analysis Nonverbal Micro-coding Guide", unveröffentlichter Ratgeber 1998

Davis, Martha, Connors, Brenda, und Walters, Stan B.: „Credibility Analysis Validity Study: Nonverbal Communication Projekt-Final Report", John Jay College of Criminal Justice, Februar 1999

Davis, M., Walters, S. B., Vorus, N., Meiland, P., und Connors, B.: „Demeanor Cues to Deception in Criminal Investigations" (Veröffentlichung in Kürze)

DeTurck, Mark A., und Miller, Gerald R.: „Deception and Arousal: Isolating the Behavioral Correlates of Deception", in: *Human Communication Research* 12.2 (Winter 1985), S. 181–201

Dillingham II, Christopher R.: „Would Pinocchio's Eye Have Revealed His Lies? A Research Experiment Using Eye Movements to Detect Deception", Diplomarbeit, University of Florida, Sommer 1998

Ekman, Paul: „Nonverbal Leakage and Clues to Deception", in: *Psychiatry* 32 (1969), S. 88–105

– *Telling Lies: Clues to Deceit in the Marketplace, Politics and Marriage,* New York: Norton Publishers 1992

Ekman, Paul, und Friesen, W.V.: *Unmasking the Face,* Lexington MA: Lexington Books 1975

Ekman, Paul, Friesen, Wallace, und Scherer, K. R.: „Body Movement and Voice Pitch in Deceptive Interaction", in: *Semiotica* 16 (1976), S. 23–27

Ekman, Paul, und O'Sullivan, Maureen: „Who can catch a Liar", in: *American Psychologist* 46 (1991), S. 913–920

Exline, R., und Eldridge, C.: „Effects of Two Patterns of a Speaker's Visual Behavior upon the Perception of the Authority of His Verbal Message", eine der Eastern Psychological Association vorgelegte Arbeit, 1967

Exline, R., und Winters, L.: „Affective Relations and Mutual Glances in Dyads", in: *Affect, Cognition and Personality,* 1965

Fast, Julius: *Körpersprache,* Rowohlt, Reinbek 1979
– *The Body Language of Sex Power and Aggression,* New York: M. Evans & Co., Inc. 1977

Fisher, Ronald P., Geilselman, R. Edward, und Raymond, David S.: „Critical Analysis of Police Interview Techniques", in: *Journal for Police Science and Administration* 13.33 (1987), S. 177–185

Fisher, Ronald P., und Geilselman, R. Edward: *Memory-Enhancing Techniques for Investigative Interviewing: The Cognitive Interview,* Springfield, IL: Charles C. Thomas 1992

Foster, D. Glenn, und Marshall, Mary: *How Can I Get Through to You,* New York: Hyperion Press 1994
– „How to Tell If He Is Lying to You", in: *Good Housekeeping* (Juni 1994)

Frith, Uta: „Autism", in: *Scientific American: Mysteries of the Mind* 7.1. (1997), S. 92–98

Gazzaniga, Michael S.: „The Split Brain Revisited", in: *Scientific American* (Juli 1998), S. 50–55

Gerber, Samuel, und Schroeder, Oliver, Jr., Herausgeber: *Criminal Investigation and Interrogation,* Cincinnati, OH: W. H. Andersone, Co. 1965

Gordon, R.: *Interviewing Strategy, Techniques and Tactics,* Homewood, IL: Dorsey Press 1975

Gray, Jeffrey A.: *Angst und Stress. Entstehung und Überwindung von Neurosen und Frustrationen,* Kindler, München 1982

Greenwood, Peter W.: „The Rand Corporation Study: Its Findings and Impacts to Date", Santa Monica CA: The Rand Corporation, Juli 1979

Gudjonsson, Gisli H.: *The Psychology of Interrogations, Confessions and Testimony,* New York: John Wiley & Sons 1992

Gudjonsson, Gisli, und Lebeque, B.: „Psychology and psychiatric aspects of a coerced-internalized false confession", in: *Journal of Forensic Science and Sociology,* Vol. 29 (1989), S. 261–269

Hall, Edward T.: *The Silent Language,* Garden City, NY: Double Day 1973

Hare, Robert D.: *Without Conscience: The Disturbing World of the Psychopaths Among Us,* New York: Pocket Books 1993

Hess, E. H.: „The Role of Pupil Size in Communication", in: *Scientific American,* Vol. 223 (1975), S. 110–112

Hess, John: „The Myths of Interviewing", in: *FBJ Law Enforcement Bulletin,* Juli 1989, S. 14–16

Hocking, John, und Leathers, Dale: „Nonverbal Indicators of Deception: A New Theoretical Perspective", in: *Communication Monograph,* Vol. 47 (1980), S. 119–131

Hocking, John E., Bauchner, Joyce, Kaminski, Edmund P., und Miller, Gerald R.: „Detecting Deceptive Communication From Verbal, Visual, and Paralinguistic Cues", in: *Human Communication Research,* Vol. 6, Nr. 1 (Herbst 1979), S. 33–46

Horvath, Frank S.: „Verbal and Non-verbal Clues in Truth and Deception", in: *Journal of Police Science and Administration,* Vol. 1, Nr. 2 (1973)

Hurley, Kathleen V. und Dobson, Theodore E.: *Wer bin ich? Persönlichkeitsfindung mit dem Enneagramm. Der Schlüssel zum eigenen Charakter,* Herder, Freiburg 1994

Irving, B.: „Police Interrogation, A Case Study Of Current Practice", Research Studies Nr. 2, London: HMSO, 1980

Irving, B. L., und McKenzie, I. K.: „Police Interrogation: The Effects of the Police and Criminal Evidence Act", London: The Police Foundation 1989

Kalin, Ned H.: „The Neurobiology of Fear", in: *Scientific American: Mysteries of the Mind,* Vol. 7, Nr. 1 (1997), S. 76-83

Keirsey, David, und Bates, Marilyn: *Please Understand Me: Character & Temperament Types,* Delmar, CA: Promethian Nemesis 1984

Knapp, Mark L.: *Non-verbal Communication In Human Interaction,* New York: Hold, Rinehart, Winston 1978

Kroeger, Otto, und Thuesen, Janet M.: *Type Talk,* New York: Delacourte Press 1988

Kübler-Ross, Elisabeth: *Über den Tod und das Leben danach,* 24. Aufl., Güllesheim: Verlag „Die Silberschnur" 1997

LeDoux, Joseph E.: „Emotion, Memory and the Brain", in: *Scientific American: Mysteries of the Mind,* Vol. 7, Nr. 1 (1997), S. 68–75

Leo, Richard A.: „Inside The Interrogation Room", in: *The Journal of Criminal Law and Criminology,* Vol. 86, Nr. 2 (Februar 1996), S. 266–303

Leshner, Dr. Alan I.: „Addiction Is A Brain Disease – and It Matters", in: *National Institute of Justice Journal* (Oktober 1998), S. 2–6

Leutwyler, Kristin: „Depression's Double Standard", in: *Scientific American: Mysteries of the Mind,* Vol. 7, Nr. 1 (1997), S. 53–54

Link, Frederick C.: „Behavior Analysis in Interrogation", in: *Military Law Enforcement Journal* (Winter 1976)

Link, Frederick C., und Foster, D. Glenn: *The Kinesic Interview Technique,* Atlanta 1980

Lykken, David Thoresen: *A Tremor In The Blood,* New York: McGraw Hill Publishing 1981

Marshal, Keith: „Unmasking the Truth", in: *Security Management,* Vol. 29, Nr. 1 (1985), S. 34–36

Marston, William M.: *Emotions Of Normal People,* New York: Paul, Trench, Trubriar & Co., Ltd. 1928

McNeil, Elton B.: *The Psychology of Being Human,* New York: Harper Row Publishers 1974

Mehrabian, Albert: *Nonverbal Communication,* Chicago: Aldine-Atherton 1972

Miller, Gerald F., und Stiff, James B.: *Deception Communication,* Newsbury Park: Sage Publications 1993

Mobbs, N.: „Eye Contact In Relation To Social Introversion / Extroversion", in: *British Journal of Social and Clinical Psychology,* Vol. 7 (1968), S. 305–306

Molloy, John T.: *Dress For Success,* New York: P. H. Wyden 1975

– *Live For Success,* New York: P. H. Wyden 1981

Moore, R. T., und Gilliland, A. R.: „The Measurement of Aggressiveness", in: *Journal of Applied Psychology,* Vol. 5 (1921), S. 97–118

Morris, Desmond: *Der nackte Affe,* Droemer Knaur, München 1980

– *Manwatching: Reisen zur Erforschung der Spezies Mensch,* Heyne, München 2001

Moston, S.: „The ever so gentle art of police interrogation", bei der Jahreskonferenz der British Psychological Society vorgelegte Arbeit, 1995

Mullaney, Rossiter C.: „Wanted! Performance Standards for Interrogation and Interview", in: *The Police Chief* (Juni 1977), S. 77–80

Myers, Isabel Briggs: *Introduction to Type,* Palo Alto, CA: Consulting Psychologist Press, Inc. 1980

Nierenberg, Gerald I., und Calero, Henry H.: *How to Read A Person Like a Book,* New York: Hawthorn Books 1971

– *Meta-Talk,* New York: Cornerstone Library 1973

Pease, Allan: *Signals: How to Use Body Language For Power, Success and Love,* Toronto: Bantam Books 1984

Reid, John, und Inbau, Fred E.: *Truth and Deception: The Polygraph (Lie Detector) Technique,* Baltimore: Williams & Wilkins Co. 1966

Reid, John E., Inbau, Fred E., und Buckley, Joseph B.: *Criminal Interrogation and Confessions,* Baltimore: Williams & Wilkins Co. 1986

Royal, Robert F., und Schutt, Steven R.: *The Gentle Art of Interviewing and Interrogation,* Englewood Cliffs, CA: Prentice Hall 1976

Rubin, Brent D.: *Communication and Human Behavior,* New York: Collier, Macmillan 1984

Rubin, P. N., und McCampbell, S. W.: „The Americans With Disabilities Act and Criminal Justice: Mental Disabilities and Corrections", National Institute of Justice, Washington, DC, September 1995

Samenow, Stanton E.: *Inside The Criminal Mind,* New York: Times Books 1984

Skinner, B. F.: *Verbal Behavior,* Acton, MA: Copley Publishing Group (1952) 1992

Stern, Dr. John A.: „In the Blink of an Eye", in: *Reader's Digest* (April 1989), S. 99–101, Zusammenfassung aus: *The Sciences,* November/Dezember 1988

Strachey, James: *Sigmund Freud: The Complete Psychological Works,* London: Hogarth Press 1976

Swidler, George J.: *Psychology For Interrogation,* Beverly, MA 1971

Trankell, Arne: *Reliability of Evidence,* Stockholm: Beckman 1972

Trovillo, P.: „A History of Lie Detection", in: *Journal of Criminal Law and Criminology,* Vol. 29 (1939), S. 848–881

Vrij, Aldert, und Lochun, Sara: „Neuro-Linguistic Programming and the Police: Worthwhile or Not?", in: *Journal of Police and Criminal Psychology,* Vol. 12, Nr. 1 (1997), S. 25–31

Wade, Carole, und Travis, Carol: *Psychology,* New York: Harper & Row 1987

Walters, Stan B.: *Principles of Kinesic Interview & Interrogation,* New York: CRC Press 1996

– *Practical Kinesic Interview & Interrogation Pocket Guide,* Lexington, KY, 1996

– *Practical Kinesic Interview & Interrogation Overview,* Lexington, KY, 1994

– *Practical Kinesic Interview & Interrogation Student Workbook,* Lexington, KY, 1995, 1999

– *Principles and Techniques for Observing Verbal and Nonverbal Behavior to Determine Truth and Deception,* Laural, MD: John Hopkins University Press 1997

– Videoaufnahmen mit Vernehmungen von Insassen folgender Justizvollzugsanstalten: Ashland Group Home, Kentucky Corrections Cabinet, Ashland, KY, 1989; Bexar County Jail, San Antonio, Texas, 1995; Blackburn Correctional Complex, Kentucky Corrections Cabinet, Lexington, KY, 1989–1998; Fairfax County Jail, Fairfax, VA; Adult Detention Center, 1987–1999; Weld County Sheriff's Office, Weld County Jail, Greeley, CO, 1997; Eddyville State Penitentiary, Kentucky Corrections Cabinet, Eddyville, KY, 1993; Lebanon Correctional Institution, Ohio Department of Corrections & Rehabilitation, Lebanon, Ohio, 1996; London Correctional Institution: – Department of Corrections & Rehabilitation, London, Ohio, 1988–1994; Lincoln Correctional Center, Nebraska Department of Corrections, Lincoln, Nebraska, 1989–1997; North Dakota State Penitentiary, North Dakota Department of Corrections, Bismarck, N.D., 1995; St. Louis

County Jail Annex, St. Louis Municipal Police Academy, 1991; Northpoint Training Center, Kentucky Corrections Cabinet, Burgin, Kentucky, 1987–1989, 1999; Ogdensburg Correctional Facility, New York State Department of Corrections, Ogdensburg, New York, 1987; Rankin County Jail, Rankin County Mississippi, Sheriff's Office, Jackson, Mississippi, 1989

Walters, S. B., Vorus, N., und Davis, M.: „Credibility Coding of Verbal Behaviors, Part I: Quality Coding from Tape and Part II: Content Coding from Transcript", unveröffentlichter Ratgeber nach Walters (1996) 1998

Weisinger, Hendrie: *Anger At Work,* New York: Quill 1995

Yuille, John C. (Herausgeber): *Credibility Assessment,* London: Kluner Academic Publishers 1989

Yuille, John C., und Cutshall: „A Case Study of Eyewitness Memory of a Crime", in: *Journal of Applied Psychology,* Vol. 71, Nr. 2, S. 291–301

Zimbardo, Philip G.: „The Psychology of Police Confessions", in: *Psychology Today,* Vol. 1 (1967), S. 21–25

Zuckerman, Miron, DePaulo, Bella M., und Rosenthal, Robert: „Verbal and Nonverbal Communications of Deception", in: *Advances in Experimental Social Psychology,* Vol. 14, S. 1–59

Stichwortverzeichnis